Burg Frankenstein –
Eine Zeitreise

Walter Scheele

www.tredition.de

Umschlaggestaltung:

Thomas Wellner Atelier Spaceart, Darmstadt

www. sonja-tuerschmann-thomas-wellner

Verlag: tredition GmbH, Hamburg

ISBN:

978-3-7323-5795-6 (Paperback)

978-3-7323-5796-3 (Hardcover)

978-3-7323-5797-0 (e-Book)

Printed in Germany

Inhaltsverzeichnis

Danke

Hiermit möchte ich mich bei allen Bibliotheken, Archiven, Hochschulen und Universitäten des In- sowie des Auslandes bedanken, die meine Recherchen tatkräftig unterstützt haben.

Mein besonderer Dank gilt jedoch Ute Gerking, die meine Arbeit von Anfang an sachkundig begleitete, Mathias Bührer der mir bei der Beschaffung von Informationen stets zur Seite stand sowie Erika Reinhardt, die mit sachkundigen und kritischen Korrekturen sowie Anregungen hilfreich war.

Nicht zuletzt aber auch Oliver Reil und Heiko Binanzer, die für die reibungslose Computertechnik sorgten.

August 2015, Walter Scheele

Vorwort

Dunkel und geheimnisvoll waren die Nächte auf Burg Frankenstein bei Darmstadt. Voller unheimlicher Geräusche, wie sie nur die Nächte voller Grauen hervorbringen können, die man auch die „Rauen Nächte"[1] nennt. Wenn das Grauen seinen Bann verlässt und die Mächte des Dunklen ihren unheimlichen Reigen ausfechten.

So stellte sich ein junges Mädchen, gerade mal 16 Jahre alt, aufgrund der Geschichte Jacob Grimms in einem Brief von 1813 die Geburt des Monsters Frankenstein vor:  Mary Shelley. Jene Frau, die später einmal die Weltliteratur um ein Werk bereichern sollte, das noch heute den einen Schauer über den Rücken laufen lässt, den anderen Rätsel aufgibt. Die Weltliteratur wurde von der inzwischen gerade 18-Jährigen im Sommer 1816, nach diesem Erlebnis, um ein Werk bereichert, das den Begriff „Romantik" völlig neu interpretierte.

Der Brockhaus sagt in einer frühen Ausgabe über diesen berühmten Roman unter dem Stichwort Frankenstein ganz lapidar: „Titelfigur eines romantischen Schauerromans (1818) der englischen Schriftstellerin Mary Wollstonecraft Shelley. Dr. Frankenstein, Schöpfer eines künstlich hergestellten, aber beseelten Monsters, wird von diesem getötet."

War das in früheren Ausgaben noch die einzige – und ausgesprochen spärliche – Information zu diesem Thema, werden spätere Ausgaben deutlicher. Zahlreiche Autoren setzen sich mit dem „Mythos Frankenstein" auseinander.

Inzwischen weicht der frühere Trend, dieses Werk zu belächeln immer mehr ernsthafter Betrachtung. Vor allem die Zusammenhänge mit bekannten Literaten der Romantik werfen ein völlig neues Licht auf den Roman dieser jungen Frau. Immerhin war sie die Tochter der ersten Feministin, Mary Wollstonecraft, und des Mannes, aus dessen Ideen Marx und Engels ihr Kommunistisches Manifest extrahierten: William Godwin.

Nur noch einzelne, von neuem Wissen wenig verunsicherte, Stimmen tun dieses Werk als „Schund" ab. Ihre teilweise bizarren „Beweisführungen" spielen in Literatur und Geschichte nur noch am Rande eine Rolle. Nicht zuletzt, wenn es darum geht, warum Mary Shelley sich für ihren Roman nicht ausschließlich der gewählten Ausdrucksweise der feinen Gesellschaft bediente.

Mary Shelleys Frankenstein ist der erste Roman der Weltliteratur, der ein Thema diskutiert, das heute wieder so brisant ist wie vor fast 200 Jahren: Wie weit darf ein Wissenschaftler kraft seines Wissens gehen? Darf er aus eigener Machtvollkommenheit heraus einen neuen Menschen, mit neuer Ethik und neuer Moral „erschaffen"? Die Stammzellenforschung, die Experimente am ungeborenen Leben, beschäftigen auch die heutige Medizin.

Zu Mary Shelleys Zeiten war das Thema auf andere Weise aktuell. Geheimnisvoller, mystischer waren das Leben und seine Entstehung. Goethes „Zauberlehrling" behandelt das gleiche Thema in Gedichtform, aus dem Mary Shelleys Roman seine Dramatik schöpft.

In „wissenschaftlichen Circeln" ließ sich die feine Gesellschaft, ob in London, Paris, Berlin oder München und Wien, in „elektrischen Experimenten" darüber aufklären, ob es möglich sei, einen Toten mithilfe der Elektrizität wieder zum Leben zu erwecken. Konnte ein Wissenschaftler so „Gott spielen"? Hatte man dann noch im Tod Ruhe vor dem Leben oder musste man gewärtig sein, zurückgerufen zu werden?

In Goethes „Faust" spielen die „Drei vom unmoralischen Sommer am Genfer See" eine nicht unwichtige Rolle. Im zweiten Teil seines wohl berühmtesten Dramas hat der Dichterfürst ihnen ein bleibendes literarisches Denkmal gesetzt: Sie sind die drei bösen Geister, die Faust auf seinem Weg in die Hölle hetzen.

Viele Dichter der Romantik haben dieses Thema in unterschiedlichsten Weisen aufgegriffen. Viele von ihnen orientierten sich an dem Roman der 18-Jährigen. Deren Leben bis heute Rätsel aufgibt. Die sie selbst ganz bewusst Zeit ihres Lebens der Welt aufgab. Viele Widersprüche ihrer Biografie werden wohl nie befriedigend aufgeklärt werden. Dazu spielen zu viele Interessen eine Rolle, die auf keinen Fall die „Geheimnisse" der jungen Frau verraten sehen wollen. Weil es auch die eigenen sind. Die in gewissen Kreisen noch heute lieber nicht an die Öffentlichkeit geraten sollen.

Aber das ist noch längst nicht alles an Geheimnistuerei. Während des 2. Weltkrieges und an seinem Ende spielt der Frankenstein eine bedeutende Rolle, die noch immer verschwiegen wird. Hier hat im Wohnzimmer des Pächters der Landwirtschaft Wernher von Braun einen Vertrag mit dem Kommandanten der „action paperclip" unterzeichnet. Darin war festgehalten, unter welchen Bedingungen der „Mann im Mond" in die USA kommen und was er als „Morgengabe" mitbringen würde.

Auf dem Waldsportplatz am Ilbeskopf haben die Nazis mit geheimen Fluggeräten experimentiert, die in Wiener Neustadt in einem Labor der SS entwickelt wurden. Unter Federführung des SS-Generals Hans Kammler, dessen Verbleib nach dem Krieg bis heute ungeklärt ist. Angeblich wurde er in den Forschungseinrichtungen verschiedener führender Luftfahrtunternehmen in den USA gesehen.

Aber außer Mary Shelley oder Wernher von Braun haben weitere führende Köpfe aus Kultur und Wissenschaft enge Verbindungen zum Frankenstein. So der Anatom, Alchemist und Theologe Johann

Konrad Dippel von Frankenstein (1673 hier geboren), sowie zwei Grafen von Frankenstein, die in der Politik Preußens und des Deutschen Reiches eine wichtige Rolle spielten. Von ihnen soll in diesem Buche ebenfalls die Rede sein. Setzen sie mit mir Teile des Puzzles zusammen: Begeben Sie sich, liebe Leser, mit mir in dieser Abhandlung auf eine spannende Zeitreise …

Walter Scheele

Wernher von Braun
auf Burg Frankenstein

Am Anfang waren es mysteriöse Hinweise, Vermutungen, für die es keine Beweise zu geben schien. Es sah so aus, als solle niemals Licht in das Dunkel um die geheimen Laboratorien, Versuche und Experimente des Dritten Reiches an der Technischen Hochschule Darmstadt und auf Burg Frankenstein kommen. Doch dann änderte ein Besuch auf Burg Frankenstein Alles.

Es war am 17. Juni 1994, dass ein heiterer älterer Herr auf Burg Frankenstein herumspazierte. Er schien etwas zu suchen und so sprach der Autor dieses Buches ihn an, fragte ob man behilflich sein könne. Der Fremde stellte sich als Bob Konopacky vor: „Erster amerikanischer Kommandant auf dem Frankenstein, als wir Deutschland eroberten."

Seine Geschichte vom Ende des 2. Weltkriegs klang so abenteuerlich, dass der Fragesteller wohl nur den Kop Doch Bob's Begleiter zog einen brau- *Jagdglück: Bob Konopacky als jun-* nen Briefumschlag aus seinem Sakko, *ger GI im Burghof* zeigte alte Fotos. Eindeutig Bob als junger GI, mit einer bildhübschen Frau, auf der Jagd und mit erlegtem Wild im Hof der Burg.

11

„Meine Frau Betty", erläuterte er. Sie war unmittelbar nach der Besetzung schon bei mir." Wie er das geschafft hat? Bob lächelte nur. Nicht nur hierüber. Er zeigte weitere Fotos. Ein Esstisch, mit Leuten daran. „Hier saßen", er deutete auf zwei leere Plätze am gedeckten Tisch, „Wernher von Braun und der Kommandant der ‚Action Paperclip' aus Bensheim[2.] Sie wollten nicht mit auf das Bild."

Es dauerte Jahre, bis sich seine sensationelle Geschichte bis in die Details hinein entrollte. Bei einem zufälligen Treffen mit dem damaligen Kommandanten der „Action Paperclip" (die deutsche Wissenschaftler für die USA rekrutierte) bestätigte dieser die Story.

Geheimer Treffpunkt auf dem Frankenstein

Henry Kissinger, später Außenminister der USA, war der damalige Kommandant der Spionageeinheit – und unterzeichnete mit Wernher von Braun auf dem Frankenstein einen „Vertrag". Nach dem sollten die Amerikaner die Familie von Brauns aus Thüringen in die USA schaffen. Dann wollten sich Wernher von Braun und weitere 13 Wissenschaftler aus Darmstadt und der Umgebung den neuen Machthabern stellen. Größtes Problem bei dieser „Transaction": Die Familie von Braun befand sich in einem russischen Internierungslager zwischen Ohrdruf und Arnstadt in Thüringen. Wobei die Russen hofften, mit dem Faustpfand Familie auch Wernher von Braun in die Hände zu bekommen. Denn sie hatten von Spezialisten in Peenemünde und in Prag erfahren, dass der eigentliche Kopf der „Wunderwaffe" der Nazis der Landedelmann aus dem heutigen Polen war.

Die Mannschaft von Peenemünde geriet nicht erst in den letzten Kriegstagen in den Verdacht, nicht system-konform zu denken. Die

Gestapo hatte offenkundig über Spitzel erfahren, dass in den Kreisen der Wissenschaftler ganz offen und unverkennbar Pläne gemacht wurden, wie man nach dem Krieg mit wem wo weiterarbeiten wollte. Man wusste auch, dass die Meinungen unter den Beteiligten zum Teil weit auseinandergingen.

Wernher von Braun hatte sogar 14 Tage in Gestapo-Haft verbracht, weil er sich weigerte, den Nazis „unsichere Kantonisten" in seiner Mannschaft zu nennen. Als dann die russischen Heere auf Peenemünde zu marschierten, reifte der Plan, die verbliebenen Reste der Mannschaft in einem Sonderzug unter SS-Bewachung nach Oberammergau zu transportieren. Denn viele Experten hatten sich schon abgesetzt.

Auch Hitlers Berghof bei Berchtesgaden war zeitweise als Ausweichquartier für die Wissenschaftler und Techniker aus Peenemünde im Gespräch. Jedoch dessen ungeachtet fehlte es hier zu diesem Zeitpunkt offenkundig am „fachgerechten" Ausbau der Stollen, in denen die Wunderwaffe der Nazis in den letzten Kriegstagen doch noch streng geheim fertig werden sollte.

Die Pläne zur Evakuierung von der Ostsee nach Bayern führten zur kompletten Auflösung der dortigen Mannschaft. Ein Teil der Wissenschaftler und der Techniker setzte sich ab. So taten es auch der Treibstoffspezialist Heinz Millinger und Wernher von Braun mithilfe von Technikern aus Pfungstadt und Nieder-Beerbach in Südhessen. Mit ihnen „verschwanden" zwölf weitere Mitarbeiter des geheimen Labors in Darmstadt.

Wichtige Unterlagen mussten in Peenemünde ebenso zurückgelassen werden wie in Darmstadt. Jedoch nicht alle. So waren die Detailplanungen der Triebwerke der V 2 zunächst nicht auffindbar. Einige wurden in einem Stollensystem bei Goslar im Harz entdeckt. Andere blieben für immer verschollen. Bis heute ist unklar, wer von den Siegermächten welche Forschungsergebnisse, Dokumentationen und Versuchsprotokolle in die Hände bekam. Sicher erscheint heute nur eines: Der Roten Armee fielen wichtige Unterlagen über geheime Fluggeräte in die Hände, an denen in einem Skoda-Werk bei Prag gearbeitet wurde.

Wichtige Details der Darmstädter Raketenforschung an der V 10 wurden später in den USA von Millinger und Wernher von Braun weitergeführt oder rekonstruiert. Was zahlreiche Detailverbesserungen brachte. Deshalb trug die „V 10" unter dem Namen „Redstone" den ersten Amerikaner ins All.

Im Gegensatz dazu allerdings wurden die Ergebnisse deutscher Forschungen an anderen, auch raketengetriebenen, Fluggeräten in den USA an streng geheimen Orten von US-Technikern und Wissenschaftlern wesentlich weiterentwickelt. So konnte man in den USA mithilfe von Rüstungsunternehmen aus der Luftfahrt wie Northrop, Lockheed, Martin und Grumman den deutschen Forschungsvorsprung von zehn bis 15 Jahren – was die Flugzeugtechnologie anging – relativ schnell aufholen.

In Peenemünde war es zwischen Wernher von Braun und einigen SS-Offizieren während eines Startversuchs mit einer veränderten Version der V 2 zu einer heftigen Diskussion gekommen. Die Offiziere warfen Wernher von Braun vor, er verfolge die Arbeiten an der Waffe gegen England nicht mit dem nötigen Elan und eher lustlos. Er müsse doch ein größeres als das gezeigte Interesse haben, den Krieg zu gewinnen. Nur dann könne er schließlich seine Forschungen fortsetzen.

Dem widersprach von Braun ebenso spontan wie massiv: „Ich forsche nicht, um jemandes Krieg zu gewinnen. Ich will den ersten Menschen auf den Mond bringen." Das reichte den SS-Offizieren. Ihr Argwohn war entweder geweckt oder bei anderen von ihnen wurde er verstärkt. Noch in der gleichen Nacht wurde Wernher von Braun von der Gestapo abgeholt und in ein geheimes Gefängnis in Stettin zum Verhör gebracht. Dort blieb es nicht nur bei einer Anhörung. Wernher von Braun wurde gefoltert. Danach brachte man ihn,

14

mehr tot als lebendig, zurück in sein Quartier nach Peenemünde. Ohne dass er seine Kollegen verpfiffen hätte.

In seiner Unterkunft nahmen sich zwei seiner Feinmechaniker des Verletzten an. Die medizinische Versorgung war mehr schlecht als Recht. Schließlich beschlossen die beiden Handwerker, die mit Wernher von Braun auch in Darmstadt zusammenarbeiteten, ihn nach Darmstadt oder nach Frankfurt zu bringen. Frankfurt als Ziel hatte gute Gründe.

Während seiner Arbeiten an der Technischen Hochschule in Darmstadt hat Wernher von Braun laut Information von Patrick D. C., Sohn eines hochrangigen Offiziers des Headquarters des 5. Korps in Frankfurt, in der Altkönigstraße in Frankfurt gewohnt. Patrick C., Europa–Chef eines weltweit agierenden Elektronikkonzerns, berichtete hierüber 2011 bei einem Besuch auf Burg Frankenstein.

In der Altkönigstraße lebte, so Patrick C., auch die jüdische Großmutter seiner Familie C., die als vermeintliche Deutsche von den Nazis unbehelligt geblieben war. Ihr Mann hatte sich 1933 in kluger Weitsicht von ihr scheiden lassen und sich mit einem Teil des beweglichen Familienvermögens sowie den Kindern in die USA abgesetzt. Ihr blieb der größere Teil des Immobilienbesitzes und damit das als nobel geltende Mietshaus.

Die alte Dame wohnte im ersten Stock in einer der größeren Wohnung ihres Mietshauses, neben ihr in einem Appartement Wernher von Braun. Der junge Wissenschaftler trug der Seniorin die Kohlen zum Heizen in die Wohnung und putzte für sie die Treppe, wenn sie mit der „Hausordnung" dran und Wernher von Braun daheim war.

Diese Angaben wurden von mehreren Zeugen bestätigt. Sie alle arbeiteten beim 5. Korps der Amerikaner in Frankfurt. Alle wunderten sich, dass die „kinderlose" Frau von den Nazis unbehelligt geblieben war. „Sie galt als Deutsche, hatte nach der Scheidung wieder ihren Mädchennamen angenommen, der ins Bayerische deutete. Das war wohl der Grund" meinte Patrick C. in einem Gespräch.

Für die Zuneigung des Wissenschaftlers zu der alten Dame gab es, so Patrick C., wohl einen ganz persönlichen Grund. Der Raketenforscher hatte großes Interesse am „Wilden Westen" sowie den sich um ihn rankenden Legenden. Und die Seniorin besaß eine, für die damalige Zeit, unbezahlbare Rarität. Es war ein Plakat einer der letzten großen Völkerschauen, die den Namen Buffalo Bill europaweit bekannt gemacht haben. Das Plakat zeigte – und war von ihnen signiert – den Indianerhäuptling Sitting Bull und Buffalo Bill, den Chef dieser Show. Dieses Plakat schenkte die Seniorin ihrem darob höchst erfreuten Nachbarn Wernher von Braun.

Das Mietshaus aus der Gründerzeit steht noch und scheint gut erhalten zu sein. Die Altkönigstraße ist eine noble Wohngegend schon damals gewesen, liegt im Westend in der Nähe von Grüneburgpark, Palmengarten und IG Farben Hauptverwaltung – heute Goethe-Universität. Die Jüdische Gemeinde Frankfurt hat mit der Westend-Synagoge einen Sitz in unmittelbarer Nähe.

Die Handwerker aus Nieder-Beerbach befanden, es sei keine erfolgversprechende Idee, den Verletzten in seiner Wohnung oder im Darmstädter Labor zu verstecken. Mit ihrem Chef verstanden sich die Männer, beide im Besitz eines Flugscheines, mehr als gut. Auf dem Griesheimer Sand, im größten Windkanal Europas, hatten sie an Versuchen mit Raketenmodellen mitgewirkt.

Außerdem hatte das Trio auf dem Ilbeskopf gemeinsam Tests nicht nur mit Segelflugzeugen unternommen. Bis die SS, die aus

August Euler mit Heinrich von Preußen

August Eulers Zeiten stammende Startrampe und den angrenzenden Waldsportplatz in Beschlag nahm, wurden hier Lafetten für mobile Raketenabschussrampen getestet. Auf dem ehemaligen Segelflugplatz richteten die Nazis ein streng geheimes Versuchsgelände ein.

Die Männer kamen schließlich auf die Idee, den sich immer schlechter fühlenden Raketenforscher mit einem Flieger in ihre Heimat bei Darmstadt zu schaffen. Mit einem „ausgeliehenen" F 89, einem Flugzeug der Firma Fieseler, dem Vorgänger des berühmten „Fieseler Storch", landeten sie mit Wernher von Braun an Bord in der Mordach bei Nieder-Beerbach. Von dort schafften sie ihren schwer kranken Chef in die Nieder-Ramstädter Heime der Inneren Mission.

Hier wurde er vom Anstaltsleiter und seinem Chefarzt sofort und ohne viele Fragen behandelt. Der Leiter der christlichen Einrichtung, die offiziell nach Schussverletzungen an Epilepsie leidende Soldaten behandelte, entschied, was zu tun war. Der zur Bekennenden Kirche gehörende Pfarrer versteckte den Schwerkranken und schärfte den beiden Nieder-Beerbachern ein, niemandem etwas von seinem Patienten zu sagen. Was die aus eigenem Interesse sofort versprachen.

Doch weder das fremde Flugzeug auf der Wiese noch die nächtlichen Aktivitäten an den Heimen in Nieder-Ramstadt ließen sich auf Dauer verheimlichen. Einer der führenden Köpfe der Deutschen Christen[3] aus Darmstadt-Eberstadt bekam Wind von der Sache. Dieser Pfarrer informierte die Gestapo und den zuständigen Gauleiter in Frankfurt. Der mutige Diener Gottes und sein Chefarzt wurden festgenommen. Wernher von Braun gelang die Flucht und er versteckte sich im Wald am Frankenstein.

Wo ihn seine Feinmechaniker mit dem nötigsten versorgten. Sie erinnerten sich noch 2012 an eine „Anekdote", die vermutlich Wernher von Braun überhaupt nicht lustig gefunden hat. Sein Versteck war die sogenannte Josephhütte. Die behagliche Jagdhütte an den „Drei Buchen", einem Naturdenkmal, verfügte über ein großes, komfortabel eingerichtetes „Herrenzimmer", eine geräumige Terrasse sowie eine Kammer, in der Jagd- und Gartengeräte standen. Ebenso wie Reisig und Holz, um bei Bedarf den Ofen der Hütte zu befeuern.

Eines Nachmittags hörte Wernher von Braun fremde Stimmen, die sich der Hütte näherten und versteckte sich in diesem dafür vorbereiteten Raum. Er wusste genau, wann seine Helfer kommen würden und dies war nicht die gewohnte Zeit. Mit Recht verbarg er sich, denn eine Gruppe von SS-Männern durchsuchte die Hütte und den umgebenden Wald.

Allerdings nicht den Abstellraum. „Zu dreckig", befanden die Herren in den schwarzen Uniformen. „Auch wenn er ein Verräter ist: Ein Kamerad versteckt sich nicht in diesem Dreckloch", waren sie sicher.

Die Josephshütte bei den Drei Buchen

Weil sich nicht ein Hinweis auf den gesuchten Ingenieur ergab, ließen sich die SS-Männer auf der Terrasse nieder, tranken Schnaps aus ihren Flachmännern und beklagten den Ärger, im Wald nach einem mutmaßlichen „Verräter" suchen zu müssen. Erst als es bereits Dunkel geworden war, verschwanden sie schwankend wie die Eichelhäher im Sturm auf einem der Waldwege in Richtung Nieder-Beerbach.

Weil sie dort in einer Schankwirtschaft weitertranken, erfuhren auch die beiden Feinmechaniker von der Aktion in der Jagdhütte an den „Drei Buchen". Sie machten sich unauffällig auf den Weg zu Wernher von Braun. Gemeinsam kam das Trio zu dem Schluss, zunächst einmal nichts zu unternehmen. Sondern die weitere Entwicklung ohne Hektik abzuwarten.

18

Die Nieder-Beerbacher hatten noch immer Verbindungen in die geheime Forschungsstätte Wernher von Brauns an der Technischen Hochschule. Der konnte sich dort unter diesen Umständen natürlich nicht sehen lassen. Aber seine Handwerker verständigten die wissenschaftlichen Kollegen, die in den Trümmern noch immer suchten, was nach der Brandnacht von ihren Unterlagen zu retten war. Alle beschlossen, sich nicht zuletzt aufgrund der Bombardierung vom 11. September 1944 unauffällig abzusetzen.

Die möglichst unauffälligen Absetzbewegungen von Wissenschaftler der Forschungseinrichtungen hatten schon im Frühsommer 1944 begonnen. Ihnen war klar geworden, dass es in der Stadt nicht mehr sicher war.

Dank der Hilfe von Bekannten tauchten sie in der Umgebung Darmstadts unter. Bei Vertrauten fanden sie Unterschlupf. Heinz Millinger, einer der Spezialisten für die Düsensteuerung der Raketen und den Treibstoff, hielt sich in einem eigens für ihn errichteten Unterstand in einer Kiesgrube in Pfungstadt-Eschollbrücken verborgen. Kontakt untereinander hielten die Untergetauchten mit Hilfe ihrer Freunde.

Einer dieser Freunde war Besitzer einer Tankstelle und eines Autohandels in Pfungstadts Hauptstraße: Heini Hofmann. Der bekannte Motorradrennfahrer war dafür berüchtigt, den Treibstoff für seine Rennmaschine selbst zu mischen. Was hin und wieder dazu führte, dass Vergaser – und auch schon mal die ganze Maschine – abfackelten. Der schweigsame und überall beliebte Mann war in diese abenteuerliche Geschichte von Anfang an einbezogen.

Erst 2008 meldeten sich deutsche Zeugen, die diese immer wieder erzählte und angezweifelte Geschichte, dass Wernher von Braun sich am Frankenstein versteckt gehalten hatte, mit Details bestätigten. Sie erzählten auch, wie sie nach den Verhandlungen auf dem Frankenstein Wernher von Braun ins Sporthotel Ingeborg in Oberjoch und nach Apfelbach begleitet hatten.

Am 2. Mai 1945 haben sich zunächst Wernher von Braun, Walter Dornberger, Herbert Axter und Hans Lindenberg einem Team der US-Streitkräfte in Oberjoch gestellt. Sie hatten dort, so eine sehr viel spätere „offizielle Erklärung", im damaligen „Sporthotel Ingeburg" nach ihrer Flucht vor den Russen Unterschlupf gefunden.

Während die Nazischergen die Wissenschaftler um Wernher von Braun observierten, verbreiteten sich in Darmstadt Gerüchte, es bahne sich ein Angriff auf die Stadt an. Die oberen Zehntausend, nicht nur NS-Größen, schafften ihre Familien aus der Stadt.

Die Vermutungen wurden verstärkt und deuteten auf einen größeren Luftangriff hin, weil immer wieder Aufklärungsflieger über die Stadt zogen. Die „einfache Bevölkerung" erfuhr von diesen Anzeichen nichts. Jedoch die Flak-Beobachter, auch die auf der Burg Frankenstein an der Bergstraße stationierte Bedienungsmannschaft einer doppelten 40-Millimeter Zwillingsflak, merkte, dass sich etwas Ungewöhnliches anbahnte. Auch sie sorgten dafür, dass ihre Familien sich außerhalb der Einflugschneisen in Sicherheit bringen konnten. Dabei vergaßen sie ihre eigene Sicherheit ebenfalls nicht.

Einer der bekanntesten Augenzeugen der Brandnacht von 1944 ist der Darmstädter Schauspieler Günther Strack gewesen. In einem Interview über sein Leben berichtete er einem Journalisten der „Abendpost/Nachtausgabe", wie sein Vater, Landesforstmeister in Darmstadt, seine Familie schützte. Eine Woche vor dem katastrophalen Angriff brachte er sie auf einen Wohnsitz der hessischen Großherzöge im Odenwald. In einem komfortablen Jagdhaus bei Höchst/Odenwald verbrachte sie die Brandnacht. Der Vater blieb mit Sohn Günther in seinem Dienstsitz. „Wenn etwas passiert, muss ich vor Ort sein", hatte der Landesforstmeister entschieden. Der Sohn mochte den Vater nicht allein lassen und blieb bei ihm. Trotz Protesten seiner Mutter.

„Ich habe das Heulen der Granaten, die Einschläge der Geschosse und die Detonationen der Bomben noch heute im Ohr", erinnerte sich Strack an eigenes Erleben und Erzählungen seines Vaters. Obwohl sein Vater sich nie näher darüber äußern mochte, war sich Günther Strack sicher: „Mein Vater hat einen Tipp bekommen, uns verschwinden zu lassen". Von wem hat der Volksschauspieler nie erfahren können. „Ich habe es wohl auch nicht wirklich gewollt", sagte er dem Reporter gegenüber.

Dann erzählte er, wie sich ihnen nach dem 11. September 1944 ein ebenso entsetzliches wie spektakuläres Bild bot. Die Altstadt von Darmstadt war in einem Bombenhagel, gefolgt von einem Flammenmeer, untergegangen. Über 12.000 Menschen verloren in der Brandnacht von Darmstadt ihr Leben. Jeder Neubürger von Darmstadt erhält hierüber bis heute grausige Details erzählt. Sei es in Büchern über die „Brandnacht", oder während amtlichen Stadtführungen.

Dabei wird kolportiert, der berüchtigte und gefürchtete „Bomber-Harris" habe hier geübt, wie er mit Flächenbombardements am effektivsten Dresden und andere große deutsche Städte auslöschen könnte. Eine Vorstellung, wahrhaft grausig und an Menschenverachtung kaum zu überbieten.

Doch es gibt bei aller Grausamkeit dieser schlimmen Bombennacht Fragen, die nie beantwortet wurden:

a) Warum kam es zu diesem unsinnigen Massaker und

b): Warum wurden die Industrieanlagen der Chemie-Firmen Merck und Röhm so gut wie unversehrt gelassen? Ebenso wie weitere rüstungsrelevante Betriebe des Metallbaus in Darmstadt. Sie und ihre Standorte waren den Alliierten sehr genau bekannt und durch die Luftaufklärung dokumentiert.

Es gibt nur eine plausible Antwort. Amerikaner und Briten hatten geheime Informationen erhalten, dass an der Technischen Hochschule in Darmstadt an den ultimativen Wunderwaffen der Nazis gearbeitet wurde. Geheime Forschungsstätten hierfür gab es mehrere. In Deutschland ebenso wie in Norwegen.

In Darmstadt arbeiteten Wernher von Braun und seine Leute an der „Wunderwaffe V 10". Einer Rakete, die in der Lage sein sollte, von Deutschland aus New York zu zerstören.

Mit nur einer einzigen Bombe an Bord. Die wurde sinnigerweise gleich nebenan hinter dem Zintl-Institut im „Institut für physikalische Forschungen" am Kantplatz entwickelt. Informationen der Amerikaner nach handelte es sich bei diesen theoretischen Forschungen um die Entwicklung einer Atombombe. Was in dem Institut vorging, war extrem geheim. Selbst die Wissenschaftler um Wernher von Braun hatten keine Ahnung, was buchstäblich hinter ihrem Rücken entstehen sollte.

Der Starttermin für diese beiden teuflischen Erfindungen war bereits von Hitler festgelegt worden: der 6. August 1945. Die Zündung der Atombombe sollte den Krieg mit einem Schlag zugunsten der Nazis wenden und beenden. Das Schicksal was die Hitlerfaschisten für New York planten, traf mit voller Wucht die japanischen Städte Hiroshima und Nagasaki. Glaubt man neueren Veröffentlichungen in den USA, mithilfe von vier Professoren der Darmstädter Technischen Hochschule, jetzt Technische Universität.

Die vier Wissenschaftler lebten in der damaligen Darmstädter Goethestraße in einem Haus zusammen, wurden von der SS streng abgeschirmt. Selbst die Kinder, die Mädchen in der noch heute privat geführten Edith-Stein-Schule, die Buben im Landgraf-Georg-Gymnasium, wurden von ihren Mitschülerinnen abgesondert. Weder durften sie ihre Klassenkameradinnen zu sich nach Hause einladen, noch ihre Freundinnen besuchen.

Wie sich die Tochter eines der Professoren erinnerte, haben die Amerikaner gezielt nach ihrem Vater gesucht. Umgehend, nachdem sie Darmstadt besetzt hatten. Alle vier Männer wurden, trotz heftigen Sträubens, mit Waffengewalt in Militärfahrzeuge gestoßen und mit unbekanntem Ziel abtransportiert. Wie sich später herausstellte, verfrachteten sie die US-Militärs über die Frankfurt Airbase in die

USA. Wo sie an der amerikanischen Weiterentwicklung der Kernwaffen beteiligt waren. Freiwillig oder unfreiwillig? Das wurde nie beantwortet.

Die Mutter der Frau war ihrem Mann nicht in die USA gefolgt. Jedoch tauchten, kaum dass die amerikanische Besatzungszone in Hessen etabliert und so etwas wie eine deutsche Regierung unter Konrad Adenauer in Bonn gebildet war, Männer in der Wohnung auf. „Mit herrischem Auftreten" forderten sie die Herausgabe der Tagebücher ihrer Mutter. Sie behaupteten, Mitglieder der „Organisation Globke" zu sein, die „kriegswichtige Informationen" im Auftrag der neuen deutschen Regierung in Bonn sammle.

Was genau in dem Tagebuch stand, konnte die Frau nicht sagen. Rückfragen im Bundesarchiv ergaben 2014, dass es diese Aufzeichnungen wirklich gibt. Jedoch, so die Dienststelle weiter, unterlägen diese Dokumente auch heute noch der Geheimhaltung. Mit einer Freigabe sei in „den nächsten Jahren" nicht zu rechnen.

Nachdem in den USA inzwischen neue Erkenntnisse zu der Rolle Wernher von Brauns für die Raumfahrt freigegeben wurden, kann der Weg der „Väter der Raumfahrt" und ihres Wissens aus Südhessen nach Amerika wenigstens teilweise nachgezeichnet werden. Zusätzlich werden bisher weitgehend unberücksichtigte Aussagen deutscher Augenzeugen, Mitwisser und Helfer herangezogen.

Zusammengefasst werden soll, was an Unterlagen und Aussagen von Zeitzeugen greifbar ist, die das geheime Labor Wernher von Brauns und Millingers an der Technischen Universität (TU) in Darmstadt (damals THD) im Zintl-Institut kannten. Die Aussagen von G. Mußtopf (Hamburg), der zusammen mit Konrad Zuse, als dessen Ober-Ingenieur, an der TH die erste Z 3 an einer Universität einrichtete, spielen dabei eine wichtige Rolle. Der hier aufgebaute Computer Z 3 war der Erste, der per Fünf-Kanal-Lochband gesteuert wurde.

Noch immer nicht abschließend geklärt ist, was es mit den Experimenten im Jonastal zwischen Arnstadt und Ohrdruf in Thüringen auf sich hat. Hier sollen in Höhlen im Muschelkalk, mindestens 27 sind bekannt, die praktischen Voraussetzungen für eine „schmutzige" Kernwaffe gebaut und getestet worden sein.

Diese Angaben über mindestens eine A-Bombe, die an einem Ballon über 400 auf dem Truppenübungsplatz angetretenen Frauen und Männern des KZ Birkenau, gezündet wurde, halten sich hartnäckig. Sie sind mangels Dokumenten nur schwer zu belegen. Aber genau so wenig zu widerlegen. Die Aussagen von Augenzeugen sprechen für sich.

Selbst jetzt noch, über 70 Jahre nach diesen mysteriösen Vorfällen, verhüllt ein Mantel des Schweigens diese Vorgänge. Weder amerikanische noch russische Quellen geben verlässliche Auskünfte zu dem Vorfall. Augenzeugen wurden, ebenso von russischer wie amerikanischer Seite, mit massivem Druck zum Schweigen vergattert. Auch die DDR, die relativ spät den Truppenübungsplatz Jonastal in die eigene Regie übernahm, wich von diesem Modus nicht ab.

Selbst heute noch, inzwischen ist auf diesem Areal die Bundeswehr zuständig, werden die Tunnel und natürlichen Höhlen des thüringischen Muschelkalks streng bewacht. Von Soldaten, die Dosimeter zur Bestimmung der Belastung mit radioaktiven Strahlen tragen.

Angeblich sind von der SS, als sie den Truppenübungsplatz räumen musste, sämtliche Kavernen, Höhlen und Gänge mit den darin arbeitenden Menschen und Versuchsanlagen gesprengt worden. Wie viele Tote es dabei gegeben hat, ist bis heute nicht ermittelt. Oder wenn, wird es aus welchen Gründen auch immer, verschwiegen.

Wie aus inzwischen freigegebenen Materialien der US-Geheimdienste hervorgeht, haben die Amerikaner trotz aller Versuche der SS die „Forschungseinrichtung" auf dem Truppenübungsplatz zu zerstören, nach deren Abzug reiche Beute gemacht. Nach, von den Amerikanern sichergestellten Akten, wurden minutiös genau geführte Untersuchungsprotokolle mit Opfern aus dem KZ Birkenau sichergestellt. Hieraus geht hervor, dass bei diesen Versuchen angereichertes Uran, Deuterium und Tritium eine Rolle spielten. Ebenso wie Radium.

Auffällig ist, dass die Generäle Eisenhower und Patton unabhängig voneinander und unmittelbar nach dem die US-Truppen das Areal erreicht hatten, eine genaue Besichtigung vornahmen. Sie berichteten unabhängig voneinander von einem „Forschungssystem", das unterirdisch radförmig angelegt war. Welche Versuche hier von den Nazis in den Speichen dieses Rades und dessen Ring gemacht worden waren, konnten die Amerikaner nicht ergründen. Inzwischen sind alle Hinweise verschwunden, wo sich „das Speichenrad" befunden hat. Die eingebauten Geräte und Instrumente wurden demontiert und in die USA gebracht.

Die von den Amerikanern gewonnenen Erkenntnisse werden bis heute geleugnet. Oder gelangen nur, wie jetzt, durch vermutlich versehentlich veröffentlichte Dokumente, bruchstückhaft an die Öffentlichkeit. Offiziell wird hier noch immer geleugnet, dass die Nazis über Forschungen an einer Nuklearwaffe brüteten. Denn, laut offizieller Lesart, waren die Forschungen Otto Hahns, Luise Meitners und Albert Einsteins „jüdische Physik". Weshalb sie für deutsche Forscher ungeeignet waren. So sahen es die Nazi-Offiziellen.

Nachdem sie sich von den jüdischen Wissenschaftlern „befreit" hatten, wurden verschiedene geheime Forschungsstätten eingerichtet, an denen Hitler nach der Kernwaffe suchen ließ. Die Grundlagen für diese Arbeiten stammten jedoch aus dem Kaiser-Wilhelm-Institut im vornehmen Berlin-Dahlem. Die deutschen Wissenschaftler und Ingenieure entwickelten Forschungsansätze und Techniken, die die Arbeiten der Geächteten weiterführten, umgingen, ihnen aber durchaus gleichwertig waren. Wobei sie erstaunliche Ergebnisse erzielten.

Nie bewiesen wurde bis heute, ob Wernher von Braun an Projekten beteiligt war, die auf dem Truppenübungsplatz Jonastal bei Ohrdruf in Thüringen vorangetrieben wurden. Hier arbeiteten, so Akten der Geheimdienste, deutsche Wissenschaftler an einem Nuklearantrieb für Raumfahrzeuge. Diese Entwicklung soll 1947 in den USA auf einem geheimen Versuchsfeld der Amerikaner weiter verfolgt und zu einem gewissen Abschluss gebracht worden sein. Immer wieder ist in diesem Zusammenhang von der Area 51 die Rede.

Wenn, wie andere Geheimdienstler behaupten, Wernher von Braun von diesen Entwicklungen keine Ahnung gehabt haben sollte, macht dies das drastische Vorgehen der SS gegen den Landedelmann mit dem Hang zum Mond verständlicher. Allerdings wollte man dies nicht öffentlich machen. Die Folterung Wernher von Brauns und seine Flucht auf den Frankenstein wurden streng geheim gehalten. Selbst als es eigentlich nichts mehr geheim zu halten gab.

Denn offensichtlich gab es in der Personalie Wernher von Braun Spannungen zwischen Adolf Hitler, den Militärs, der SS und der Gestapo. Die Militärs vor allem hielten ihre schützende Hand über den Landedelmann und seine wissenschaftlichen Arbeiten. Dafür gab es einen guten Grund. Er stammte aus dem traditionell mit den Militärs eng verbundenen Landadel des deutschen Ostens.

Auf dem Ilbeskopf, direkt an Burg Frankenstein, gibt es einen im Wald gelegenen Sportplatz. Der ließ sich gut gegen unbefugte Besucher abschirmen. Ihn wählte die SS nach langem Suchen für geheime Experimente mit mysteriösen Flugmaschinen aus.

Allerdings war der erste, der hier oben nach Flugpionier August Euler Flugversuche machte, Wernher von Braun. Als er sein Labor im Zintl-Institut in Darmstadt bezogen hatte, konfrontierte ihn das Reichsluftfahrtministerium mit einem Problem. Es fand sich kein

Fluggerät, das mit einer bedeutenden Bombenlast oder schwer bewaffnet ohne „langen Anlauf auf einer Rollbahn" gestartet werden konnte. Und genau so etwas suchte man.

Der Raketenforscher machte sich an die Arbeit. Er reichte mit Datum vom 6. Juli 1939 ein Protokoll über Versuche und Messwerte zu einem senkrecht startenden Kampfflugzeug (Jäger) ein. Mit Messergebnissen, die heute noch ins Fach Science Fiktion gehören könnten. Sie wurden laut Geheimdienstunterlagen am Ilbeskopf ersten Tests unterzogen. Und in der Forschungsstelle Kummersdorf 3 in Peenemünde entwickelte sie die SS weiter und erprobte sie praktisch.

Weil Peenemünde der SS nicht mehr geheim genug für solch ein Vorhaben erschien, verlegte man die konkreten Versuche zurück auf Burg Frankenstein bei Darmstadt. Hier entstand auf dem Waldsportplatz am Ilbeskopf in einem neu eingerichteten Sperrbezirk eine sorgfältig abgeschirmte Halle. In einem noch heute auf Luftbildern im Grundriss erkennbaren Barackenlager waren die Wach- und Bedienungsmannschaften untergebracht.

Hier wurde die von Braun'sche Entwicklung zunächst als Prototyp erprobt. Man stattete einen, von Wernher von Braun entwickelten, Abfangjäger mit zwei Raketentriebwerken für den senkrechten Start und dann das Erreichen einer sehr hohen Geschwindigkeit aus. Erst wenn die Gipfelhöhe und gewünschte Geschwindigkeit erreicht waren, übernahm ein Neunzylinder Stern-Motor der Bayerischen Motorenwerke (BMW) den Antrieb eines Propellers. Der Motor soll nicht störungsfrei gelaufen sein, weshalb die Ingenieure zu einem Siebenzylinder wechselten.

Das Besondere an dem Flieger: Er konnte von einem Lkw mit Anhänger senkrecht starten. Bodeninstallationen waren hierfür nicht notwendig.

Zwei Jahre später, 1941, flog von Brauns Entwicklung erfolgreich in Marseille an der französischen Mittelmeerküste. Warum „Interceptor I" in Deutschland weder eingesetzt noch weiterentwickelt wurde, ist nicht bekannt. Die nächsten Flugprotokolle des Prototyps stammen von 1947. Damals wurde das deutsche Gerät auf einem Luftwaffenstützpunkt in den USA geflogen. Es soll sich dabei um das Wright-Patterson Airfield handeln.

Angebliches Nazi-Ufo auf dem Ilbeskopf

Eine weitere geheime Forschung spielte sich unter Aufsicht der SS ebenfalls in der Nähe von Burg Frankenstein ab. Inzwischen sind sogar angebliche Bilder von einem Flugobjekt bekannt geworden, dass unter dem Namen „Schildkröte" auf dem Waldsportplatz am Ilbeskopf erprobt wurde.

Die Entwicklungsstelle IV der SS in Wiener Neustadt hatte diesen Flugkörper bis zur Serienreife entwickelt. Äußerlich glich die Flugscheibe in der Tat einem Schildkrötenpanzer, der auf drei Teleskopbeinen ruhte. Das geschilderte Flugbild gleicht dem einer fliegenden Untertasse, wie es aus Schilderungen hinreichend bekannt ist.

Bekannt geworden ist, dass diese Flugkörper unbemannt waren. In ihnen war eine Klystronröhre eingebaut, die die Radargeräte und die Funkkommunikation der alliierten Fliegerverbände stören sollten. Was nach anfänglichen Fehlschlägen sogar erfolgreich gewesen ist.

Denn es gibt Berichte von britischen wie US-Piloten über „seltsame Flugscheiben", die wie aus dem Nichts neben den Maschinen der Alliierten auftauchten. Danach herrschte in ihrem Funk Totenstille und das Radar funktionierte nicht mehr. Bis die Scheiben verschwanden. Die Weiterentwicklung der „Scheibe" kam den feindlichen Bombern und Jägern auf bis zu fünf Meter nahe. Dabei fiel deren gesamte elektrische Anlage aus, bis hin zur Zündung der Motoren.

Wendell C. Stevens, ein Pilot der US-Airforce, berichtete von seinem Erlebnis mit so einem „Foo Fighter". Seine zwischen grau-grün und rot-orange wechselnde Farbe wirkte erschreckend. Das fremde Fluggerät folgte der eigenen Maschine bei jedem Manöver mit sehr geringer Verzögerung, ließ sich weder abschießen noch abschütteln. „Wir mussten abdrehen oder sogar landen", schrieb er nach dem Krieg. „Eine Erklärung für diese seltsamen Fluggeräte und ihr Verhalten fanden wir nicht."

Die brachten Anhänger einer „Verschwörungstheorie" ins Spiel. Danach haben die Militärs in den USA deutsche Forschungen mit der sogenannten Schildkröte weiterentwickelt. Ihre Konstruktionen sollen sogar für das Verschwinden einer ganzen Flugzeugstaffel vor Florida verantwortlich sein. Seit diesem Ereignis am 5. Dezember 1945, als fünf Torpedo-Bomber des Typs TBF Avenger bei einem routinemäßigen Übungsflug spurlos verschollen gingen, kocht die Gerüchteküche um das „Todesdreieck" und „Flug 19".

Begonnen hat der Hype um diesen verschollenen Flug und das Geheimnis des Bermuda Dreiecks mit einem am 16. September 1950 von der Presseagentur Associated Press veröffentlichten Artikel. Darin berichtete der Korrespondent Edward von Winkle Jones über den „Unfall von Flug 19". Er brachte ihn mit dem spurlosen Verschwinden mehrerer weiterer Flugzeuge und Schiffe in Verbindung. Sie sind in der gleichen Gegend unter geheimnisvollen Umständen plötzlich nicht mehr auffindbar gewesen.

Die zusammenbrechende Funkverbindung, die Unmöglichkeit Kontakt zu den Flugzeugen aufnehmen zu können obwohl deren Funk von der Basis zumindest teilweise und stark gestört mitgehört werden konnte, ließen schon früh einige Experten aufhorchen. Könnte es sich bei den Vorfällen um „Flug 19" um geheime Versuche mit einer weiterentwickelten „Schildkröte" oder dem legendären Flugkörper „Vril" der Nazis handeln? Aus deutschen Erfinderwerkstätten sollen viele Flugmaschinen in amerikanische wie russische Hände gekommen sein, von denen bis heute niemand erfahren hat.

Zweifelhaft ist auch, ob es sich bei dem „Foto" vom Ufo auf dem Frankenstein wirklich um ein Foto handelt. So lange niemand ein Negativ in der Hand gehabt hat und dies eigengehend prüfen konnte, sind starke Zweifel erlaubt. Selbst die im Bild kaum erkennbare Silhouette im Hintergrund unter dem Flugkörper lässt sich nicht unbedingt als Burg Frankenstein identifizieren, wie es US-Quellen behauptet haben.

Diese Fragen sind bisher in der Öffentlichkeit nicht diskutiert worden. Bis Dokumente auftauchten, die besagen, amerikanische Dienststellen hätten sich in Wiener Neustadt in einer „Denkschmiede" der SS mit Unterlagen über eine „Flugscheibe" bedient. Wobei es auch um Flugversuche bei Darmstadt auf einem „Mount Ilbeskopf" ging.

Den Legenden von den Ufos, den unbekannten Flugobjekten, ist eine neue Variante hinzugefügt... Doch es gibt noch eine andere Vermutung über die Herkunft der Ufos. Danach stammen sie ebenfalls aus Deutschland. Welcher der Darstellungen man zuneigt, bleibt jedem selbst überlassen. 📖

Johann Konrad Dippel

D ieser Lexikoneintrag von 1888 spricht für sich: „Seine Träumereien abgerechnet, war Dippel einer der gelehrtesten Männer seiner Zeit und ein Vorläufer der Aufklärung. Bekämpfte er die kirchlichen Dogmen, so setzte er doch das Wesen der Religion in Liebe und Selbstverleugnung. Seine 70 Schriften sind aufgeführt in Strieders ‚Geschichte der hessischen Gelehrten', Bd. 3. Die meisten gab er unter dem Namen Christianus Democritus heraus. Eine neue Gesamtausgabe erschien Berleburg 1747, 3 Bde. vgl. Bender, J. K. D., der Freigeist aus dem Pietismus (Bonn 1882)."

So würdigte schon 1888 „Meyers Konversationslexikon in 16 Bänden" die Bedeutung des berühmten Alchemisten, Arztes und Theologen Johann Konrad Dippel von Frankenstein. Er wurde am 10. August 1673 auf Burg Frankenstein geboren. Gestorben ist er am 25. April 1734 auf Schloss Wittgenstein bei Bad Laasphe. Unter ungeklärten Umständen. Neueren Erkenntnissen nach an einem Schlaganfall. Seine Gebeine wurden nach Renovierungsarbeiten in der Hofkirche in einem Gemeinschaftsgrab

Johann Konrad Dippel

mit denen der Herren von Wittgenstein in einem Sammelgrab beigesetzt.

Dippels letzte Ruhestätte in Bad Laasphe. Seine Gebeine wurden mit denen der Herren von Wittgenstein in einem Massengrab beigesetzt, als die Hofkirche renoviert wurde.

Die Bedeutung des berühmten Sohnes der Burg Frankenstein rückt erst seit jüngster Zeit wieder verstärkt in den Blickwinkel der Wissenschaft. Chemiker und Mediziner haben die Bedeutung Dippels für ihre wissenschaftlichen Entwicklungen entdeckt. Ebenso wie die moderne Theologie. Dippel von Frankenstein schaffte es, in allen einen Fachrichtungen denen er sich widmete neue Maßstäbe zu setzen. Das gilt sowohl für Alchemie, Anatomie wie auch die Theologie.

Besonders in den Spaltungen der protestantischen Theologie in Pietisten und Orthodoxe bezog er intensiv Stellung. Wobei er mehrfach in seinem Leben zwischen den beiden bis auf den Grund zerstrittenen Lagern wechselte. Gerade weil sie sich bis heute nicht auf einen Konsens einigen konnten, wird Dippel von Frankenstein für die theologischen Richtungen des Protestantismus heute wieder aktuell. Sie alle entwickeln neues Interesse an dem komplizierten Charakter, der sich mit Orthodoxen wie Pietisten in nahezu allen Richtungen der Theologie angelegt hat.

Ins Rampenlicht geraten ist in jüngster Zeit der Einfluss des philosophischen Denkens Dippels ebenso wie seiner Theologie auf Johann Wolfgang von Goethe. Veröffentlichungen der Goethe-Universität in Frankfurt belegen dies. Besonders widmen sich die unterschiedlichen Fachrichtungen der Theologie dem Pantheismus Goethes, der sich wie ein roter Faden durch das Lebenswerk des Dichterfürsten zieht. Der soll maßgeblich den von Christianus Demokritos – einem der Pseudonyme Dippels – geäußerten kritischen Gedanken folgen.

Im „Journal of Religious Cultur" des Instituts für wissenschaftliche Irenik der Johann-Wolfgang-Goethe-Universität in Frankfurt wird dies Thema 1999 in einem Artikel von Karl Dienst eingehend bearbeitet. Dienst zieht dabei eine Fülle von Quellen heran, die zuvor weder berücksichtigt, noch in Zusammenhang gestellt wurden.

So wird in diesem Beitrag intensiv auf die religiöse Situation im protestantisch geprägten Frankfurt der Goethezeit eingegangen. Wobei der Autor zwischen der „offiziell-öffentlichen" Religiosität und dem unterscheidet, was sich in kleinen christlichen Familienzirkeln zeigte. In diesen vorwiegend pietistisch geprägten Kreisen, zu denen Goethe sich stark hingezogen fühlte, spielte das Gedankengut Dippels eine große, wenn nicht gar die dominierende, Rolle.

Für das Auseinanderdriften der „Amtskirche" und der pietistischen Kreise hat, laut Autor Dienst, Goethe zwei Begründungen. Außer der eher politisch-sozialen hat Goethe dafür auch eine religiös-kirchliche: „Was man uns überlieferte, war eigentlich nur eine Art von trockener Moral. An einen geistreichen Vortrag ward nicht gedacht und die Lehre konnte weder dem Herzen noch der Seele zusagen. Deswegen ergaben sich gar mancherlei Absonderungen von der gesetzlichen Kirche. Es entstanden die Separatisten, Pietisten, Herrnhuter sowie die ‚Stillen im Lande' ebenso wie weitere, zum Teil radikale, religiöse Zusammenschlüsse."

Zu denen, die sich für das theologische Wirken Dippels erwärmen konnten, gehörte außer Goethe der zeitweilige Leibarzt des Landgrafen Friedrich III. von Hessen-Homburg, Christian von Senckenberg (1707 – 1772). Er war offen für alle religiösen Fragen. Doch seine große Liebe gehörte der Medizin und der Naturforschung. Mit seinem Namen eng verbunden ist die „Naturforschende Gesellschaft", die inzwischen Weltrang hat, ebenso wie die Stiftung „Frankfurter Bürgerhospital".

Dippel geriet nicht nur mit den „intoleranten Verfechtern eines einzigen, wahren Glaubens" aneinander. Große wie kleine Politik verschonte er nicht mit ätzender Kritik. Was ihm letztendlich einen längeren Zwangsaufenthalt auf der dänischen Insel Bornholm einbrachte.

Bis ins 21. Jahrhundert hinein ist die Bedeutung des Johann Konrad Dippel von Frankenstein für Wissenschaft und Theologie kontrovers behandelt worden. Zu facettenreich und „bedenklich" waren seine Herkunft, seine Ansichten, ja einfach sein ganzes Leben. Obwohl es eine königliche Urkunde von Ludwig II., König von Bayern, gibt, wird sogar noch immer sein voller Name – Johann Konrad Dippel von Frankenstein – in gewissen Kreisen wider besseres Wissen als inkorrekt bezeichnet.

Schon um das Geburtsdatum Dippels gibt es Differenzen. Allgemein wird jedoch der 10. August 1673 als Datum und als Geburtsort die Burg Frankenstein angesehen. Es gibt jedoch auch eine Quelle (Jöcher), die als Geburtsjahr 1672 nennt. Seine Mutter war, und das ist sicher, die bildhübsche Anna Eleonora Münchmeyer. Als Vater stand im Kirchenbuch von Nieder-Beerbach der „lutherische Pfarrer Johann Philipp Dippel, Flüchtling auf Burg Frankenstein".

Dieser Johann Ph. Dippel ist 1671 als Flüchtling vor den Soldaten Ludwigs des XIV. während des Deutsch-französischen Krieges auf den Frankenstein gekommen. Allerdings nicht zur gleichen Zeit wie seine Frau. Die hatte er im Pfarrhof zu Oppenheim allein zurückgelassen. Aus Sicht der Moralapostel ein verhängnisvoller Fehler.

Denn alles spricht dafür, dass ein Konrad von Frankenstein der jungen Frau nicht nur mit Rat und Tat zur Seite stand. Allein in Oppenheim auf dem Pfarrhof lebend, hatte die hübsche Frau ein langweiliges Leben mit wenig Unterhaltung. Anrainer Konrad half der hübschen Nachbarin seines Weingutes, die Langeweile und die nächtliche Einsamkeit ebenso wie die Kälte zu vertreiben. Wobei sie nicht gänzlich unerwartet schwanger wurde.

Erst auf dem Frankenstein, einem Lager für Flüchtlinge, trafen der Pfarrer und seine hochschwangere Frau nach zweijähriger Trennung wieder zusammen. Denn der hübschen Alleingelassenen hatte es gedämmert. Neben ihr hatte der zärtliche Konrad noch eine weitere große Liebe: seinen Wein. Von dem er sich regelmäßig und reichlich bediente. So fand die Schwangere, sie sei mit ihrem Pfarrer, auch wenn er zunächst schimpfen mochte, auf lange Sicht gesehen besser dran als mit ihrem dem Wein stark zugeneigten Grafen.

Dem Pfarrer war es natürlich ganz und gar nicht recht, dass er Vater eines unehelichen Kindes wurde. Als rechtschaffener Christ schalt er sie aber nur im stillen Kämmerlein gründlich aus. Er verzieh seiner Frau den Seitensprung. Weshalb er in der Öffentlichkeit gute Miene zum bösen Spiel machte.

Als das Kind auf die Welt gekommen war, wollte der geistliche Herr den Knaben auf seinen Namen Johann Dippel taufen. Was jedoch Konrad von Frankenstein in helle Aufregung versetzte. Er bestand darauf, wegen seiner Beteiligung an der Sache, wenigstens Taufpate zu werden.

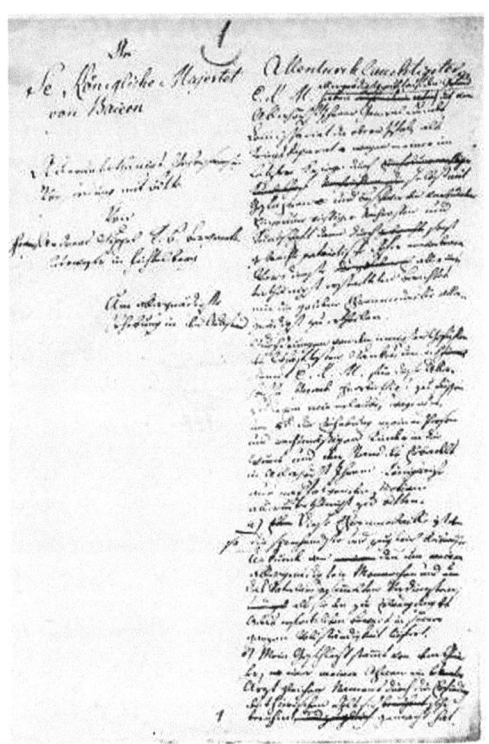

Nobilitätsnachweis Dippels, Dokument Ludwig II. von Bayern für Familie v. Dippel in Berlin

So geschah es auch. Der Knabe hieß hinfort Johann Konrad Dippel. Nach dem Tode Konrads von Frankenstein kam auf ihn auch der Titel „von Frankenstein", den er ab diesem Zeitpunkt führte. Während seiner Ausbildung am Darmstädter Pädagog, aber auch während seiner Studienzeit, hat Konrad von Frankenstein seinen Sohn Johann Konrad unterstützt. Dies geht zumindest aus 2012 gefundenen, bisher völlig unbekannten Dokumenten hervor. Deren Verlässlichkeit muss eingehend geprüft werden.

Fest steht jedoch: Die Familie Dippel in Berlin, Nachfahren von Johann Konrad Dippel von Frankenstein, wollten durch Ludwig II nobilitert werden. Die Antwort des Königs von Bayern, die Familie sei durch den Vorfahren Johann Konrad Dippel von Frankenstein bereits im Grafenstande, ist in München zu besichtigen.

Johann Konrad Dippel, der sich zu einem hochintelligenten Kind entwickelte und die damalige „Gelehrtenschmiede Hessen-Darmstadts", das „Pädagog", besuchte, studierte ab seinem 15. Lebensjahr in Gießen bis zum Magister-Abschluss (1693) Alchemie, Medizin (Abschluss mit Doktorgrad in Leiden/Holland) und Theologie.

Seine Dissertation in Leiden von 1711 trägt den Titel „Vittae animalis morbus et medicina suae vindicata origini". Sie ist erhalten geblieben.

Alchemie war damals gleichzusetzen mit Chemie, denn zu dieser Zeit begann man gerade, zwischen „ernster Wissenschaft" und „Aberglauben" zu trennen, was sowohl die Alchemie als auch die Astrologie betraf. Die heraufdämmernde Aufklärung verbannte schließlich beide von den Universitäten, nicht aber aus den Köpfen der Menschen.

Vielen Historikern, die sich mit der Geschichte der Chemie befassen, gilt Dippel als der erste Chemiker. Denn: Hielten die Alchemisten ihr Detailwissen über Substanzen, gar deren Herstellung, streng geheim, schrieb Dippel sie nieder. Er machte damit sein Wissen nicht nur öffentlich, sondern ermöglichte allen „Kollegen", seine Versuche nachzuvollziehen.

Die Universität in Gießen hatte zu der Zeit, als Dippel dort studierte, das, was man heute „Weltruf" nennen würde. Deshalb sei an dieser Stelle ein kleiner Ausflug in ihre Geschichte gestattet. Dann wird auch vieles im Leben Johann Konrad Dippels verständlicher. Einer der bekanntesten Medizin-Professoren dort war – vor der Zeit Dippels – Gregor Horstius (1578 - 1636), der Verfasser der „Opera Medica". Er war 1608 aus Wittenberg, dem Bollwerk des Protestantismus und der Schrittmacherin des wissenschaftlichen Fortschritts, nach Gießen gekommen.

Wie aus seiner überlieferten Korrespondenz hervorgeht, hatte er mit den berühmtesten Ärzten seiner Zeit Kontakt. Entsprechend waren sein Ruf und seine Stellung. Im Ausland wurde er als „Äskulap der Deutschen" bezeichnet. Gregor Horstius hat nicht nur die ältesten Gesetze und Statuten der Fakultät beeinflusst, wonach „Gaukler, Marktschreier und Weibsbilder" vom Collegium Medicum ausgeschlossen waren. Sondern auch durchgesetzt, dass der Doktorand (laut des ersten Gießener Doktorgelöbnisses von 1608) sich zu den ethischen Normen hippokratischer Ethik und Moral als höchstem Grundprinzip zu bekennen hatte. Gregor Horstius hat vielmehr auch 1615 die erste Sektion eines weiblichen Leichnams in Gießen vorgenommen. Für die wortführenden Theologen der ehrwürdigen Universität ein Skandal nie gekannten Ausmaßes.

Der Nachfolger, sein Sohn Johann Daniel Horstius (1616-1686), war in Gießen mit großer Sicherheit Vorbild Johann Konrad Dippels. Wie sein Vater war er in der wissenschaftlichen Welt hoch angesehen. Denn er stand in enger brieflicher Verbindung mit Thomas Bartholinus und William Harvey. Wie sein Vater war Johann Daniel Horstius um eine Verbindung von Galenismus und Paracelsismus bemüht. Dies bestätigt der Titelkupfer der „Pharma-copoea galeno-chemica" von 1651, der die Begründer der Materia Medica Galen und Dioskurides, über einem alchemistischen Laboratorium – besonders beachtenswert die Hand am Destillierkolben – auftreten lässt. Seine Gießener „Einführung in die Medizin" von 1660 ist ein Plädoyer für gesunde Lebensführung.

Vorbild für Dippel war dieser hoch angesehene Mediziner auch in einer anderen Sache: Er schreckte nicht davor zurück, seine eigene Meinung gegenüber einer Mehrheit durchzufechten. Horstius brachte dies internationale Berühmtheit ein, als er sein Urteil im Streit um die intravenöse Gabe von Arzneimitteln äußerte.

Christopher Wren hatte 1656 auf die Vorzüge der intravenösen Narkose hingewiesen. Er hatte Hunden Wein, Bier und Opium eingespritzt. Am Ergebnis fand er ebenso viel Interesse wie an architektonischen Fragen: Der Erbauer der St.-Pauls-Kathedrale in London heißt Christopher Wren.

Der Breslauer Arzt Johann Daniel Major hatte dann 1664 das Verfahren therapeutisch genutzt und die neue Methode "Chirurgia infusoria" genannt. Er hoffte, durch die Injektion geeigneter Arzneimittel die Fließfähigkeit des Blutes bei Krankheiten zu beeinflussen.

Auf diese Schrift antwortete Johann Daniel Horstius am 16. Februar 1665 mit seinem „Judicium". Als erfahrener Praktiker distanzierte er sich von den angeblichen „Lebensgeistern und Gärungsprozessen im Blut", die durch die Injektion provoziert würden. Er sprach sich vielmehr für die Gabe von Arzneimitteln in Form von Pillen oder Tabletten aus, die vorerst der Einspritzung in die Blutbahn vorzuziehen sei.

Mit dieser abwartenden Haltung sollte Johann Daniel Horstius Recht behalten, da die intravenöse Injektion bald zur Mode wurde. Ein hemmungsloses Experimentieren setzte ein. Selbst vor Bluttransfusionen vom Tier auf den Menschen und vom Menschen auf den Menschen schreckten die Ärzte nicht zurück. Die tödlichen Folgen der „Heilbehandlung" wurden geleugnet, die Ärzte gaben sich „fortschrittlich".

Bei den Nachfolgern und Schülern dieser beiden berühmten Wissenschaftler legte Dippel die Grundlagen seines medizinischen Wissens. Wie aus nur noch lückenhaft vorhandenen Dokumenten hervorgeht, nahm Dippel an Obduktionen teil. Er wirkte dabei, hauptsächlich als Zeichner, am ersten Lehrbuch über die Anatomie der Frau mit. Was ihm erhebliche Konflikte mit den Theologen an der Universität einbrachte.

Johann Konrad Dippel war schon als Kind außergewöhnlich. Der Einzelgänger spielte zwischen und mit den amputierten und entstellten Soldaten, die in der „Invalidenanstalt" auf Burg Frankenstein Zuflucht gefunden hatten. Von ihnen und seinen Mitschülern bekam er den Spitznamen „Eule". Denn er las bis spät in die Nächte hinein beim Schein eines Talglichtes Bücher, „für die kein Kind sich interessiert". Was seine Spielgefährten zur Überzeugung brachte, er sei ein überheblicher Sonderling, von dem man sich möglichst fernhalten möchte.

Schon damals befasste sich Dippel intensiv mit theologischen Fragen. Nicht selten geriet er, wegen ihrer Auslegung des Wortes

Gottes, sowohl mit dem damaligen Pfarrer zu Nieder-Beerbach, Moritz Scriba, wie auch seinem Vater in Konflikte.

Bei Hoffmann ist sogar nachzulesen, Dippel habe mehrfach den Gottesdienst in Nieder-Beerbach gestört. Er hätte, berichtet der Autor, weil er mit der Predigt des Pfarrers nicht einverstanden gewesen sei, eine Ziegen- und Schafherde durch das weit geöffnete Tor in die Kirche getrieben. Nicht überliefert ist, was die verstörte Gemeinde zu diesem sonntäglichen Protest des Neunjährigen gegen die Predigt von Moritz Scriba gesagt hat.

Viele naturwissenschaftliche Veröffentlichungen Dippels sind nicht erhalten. Die meisten sind entweder während des 2. Weltkrieges in Darmstadt und Gießen verbrannt oder anderweitig vernichtet worden. Es gibt jedoch in zahlreichen wissenschaftlichen Veröffentlichungen seiner Zeit Querverweise auf Dippel und seine Experimente. Vor allem in der Chemie. Sein theologisches Werk dagegen ist recht gut dokumentiert. Jedoch sind auch hier noch immer Überraschungen möglich.

Bereits als Dippel das Studium der Theologie in Gießen aufnahm, geriet er in die Auseinandersetzungen zwischen orthodoxen und pietistischen Protestanten. Dieser Meinungsstreit sollte sein ganzes weiteres theologisch-wissenschaftliches Leben prägen.

Dippel, dem schon während der Schulzeit von seinen Lehrern bescheinigt wurde, er habe einen freien Sinn, große Kühnheit der Sprache und einen stark ausgeprägten Hang zur Selbstüberschätzung, stand zunächst auf der Seite der Orthodoxen, änderte dann jedoch seine Meinung. 1693 schrieb er eine Arbeit, um seine theologische Karriere fortsetzen zu dürfen. Andere Quellen besagen, er habe damit die Magisterwürde erlangen wollen.

Seine Arbeit „de nihilo" (lat. Über das Nichts) sorgte für einen Skandal in den theologischen Kreisen Gießens und am landgräflichen Hof. Sie wurde mit dem Verdikt seines Professors versehen: „… nur allerhöchsten, aller-gnädigsten Augen auf dringliches Bitten nach eingehender Prüfung des Bittstellers und nicht ohne viel geistlich Beistand und Fürbitte¹ zu Gesicht zu geben ..."

Dippel hatte, zu einer Zeit als wissenschaftlicher Grundsatz war, die Frau sei aus Adams Rippe gemacht wie es im 1. Buch Mose der Bibel geschrieben steht, gegen geltende Lehrmeinung revoltiert. Statt, wie aus der biblischen Erschaffung Evas geschlossen wurde, ihr Geist, Intelligenz, Verstand, eine Seele und gar ein Gehirn abzusprechen, behauptete er: „Die Frauen haben ihre Häupter nicht nur zum Tragen von Hüten. Vielmehr wohnt darin ein wacher und kluger Geist, dessen Ratschläge und Weißtümer anzunehmen jeder Gemeinde wohl ansteht. Und wer dies bestreitet, er sei selbst ein Kirchenvater, der täuscht sich gewaltig."

Es versteht sich von selbst, dass Dippel sich hiermit sämtliche Chancen auf eine theologische Hochschulkarriere verscherzt hatte. Die damals an der Universität registrierten 16 Studenten und 30 Professoren der theologischen Fakultät prügelten ihn windelweich und aus der Stadt. Auf eine Berufung ins Pfarramt oder auf eine Professorenstelle brauchte er in Hessen nicht mehr zu rechnen. Er ging daraufhin 1694 auf die andere Rheinseite ins Elsass.

In Straßburg hielt Dippel 1694 Vorlesungen in Physik und Chiromantie, einer im Mittelalter weitverbreiteten Kunst, aus der Form der Hand und ihren Linien wahrzusagen. Sie basiert in weiten Teilen auf der jüdischen Kabbala. Damit hatte sich Dippel sehr bald einen Ruf erworben, wie der berühmte Jahrmarktschreier „Dr. Eisenbart", der öffentlich Kranke kurierte.

Denn Dippel sprach in Tavernen, den Treffpunkten des einfachen Volkes, ebenso wie in den feinen Salons der Gesellschaft. Sehr schnell stand er im Ruf, ein Wunderheiler zu sein. Es hieß, er könne Menschen schweben, Gegenstände mit der Kraft seines Geistes fliegen lassen. Hinzu kam seine Gabe der „Vorausschau."

Doch dann muss er es wohl übertrieben haben. Er wurde beschuldigt, vom Friedhof in der Nähe seines Hauses Leichen gestohlen und mit ihnen grauenvolle Experimente gemacht zu haben. Die geringste Unterstellung war noch, er habe mit Hilfe der Toten Geister beschworen.

Nach einem „schlimmen Vorkommnis" sah sich Dippel gezwungen, bei Nacht und Nebel aus Straßburg zu fliehen. Es gibt Quellen die behaupten, die „schlimme Sache" sei die nicht folgenlose Amoure mit der Tochter einer der angesehensten Familien Straßburgs gewesen. Das gerade 16-jährige Mädchen sei schwanger geworden. Dippel habe sich geweigert, die Verantwortung für diese „Schande" zu übernehmen und das Mädchen zu heiraten.

Nicht einmal seinem gestrengen Vater vertraute Dippel an, welche „Schande" er in Straßburg auf sich geladen hatte. Erst sehr viel später, so diese Quelle in der Hauptstadt des Elsass, kam es zu einem Treffen zwischen dem aufsässigen Theologen und Naturwissenschaftler mit seinem Sohn. Der, von der Straßburger Familie nicht eben freundlich behandelt, sonderte sich von dieser ab und nannte sich hinfort „von Dippel". Was aus ihm geworden ist? Darüber gibt diese Quelle nichts her.

Der schillernde Wissenschaftler Dippel jedenfalls sah sich nach dieser folgenschweren Amoure gezwungen, bei Nacht und Nebel aus der Metropole des Elsass zu fliehen. Er kam zu seinen Eltern, die inzwischen in Nachbarschaft des Frankensteins – in Nieder-Ramstadt – das beschauliche Leben eines Dorfpfarrers mit seiner Frau lebten.

Während er sich hier vor seinen Verfolgern versteckte, interessierte sich Landgraf Ernst Ludwig von Hessen (1667-1739) zunächst ausschließlich für Dippels Alchimie. Aber die unter dem Pseudonym Christianus Democritus verfassten theologischen Streitschriften brachten Dippel schnell wieder in Konflikte. Diesmal mit dem Darmstädter Hof.

Dass er doch auf dem Frankenstein bleiben durfte, verdankt Dippel seiner fast grenzenlosen Selbstüberschätzung und dem notorischen Geldmangel der Darmstädter Residenz. Der Alchemist hatte nämlich behauptet, es sei für ihn ein Leichtes, „Perlen, Gold und edles Geschmeid' nach des Paracelsus und anderer berühmter Meister Rezeptum zu machen". Nur zu gern glaubte man ihm dies am von Geldnöten geplagten Darmstädter Hof und ließ ihn auf dem Frankenstein gewähren.

Hier verschrieb er sich ganz der Kunst der Alchemie. Mit sichtbarem Erfolg. Nicht nur, dass er hier die Grundlagen für seine Erfindung des „Berliner Blau" (ein Farbstoff) erarbeitete, er sprengte auch den Pulverturm teilweise in die Luft.

Bei der Suche nach einem Lebenselixier, das er in „Dippels elexirum vitae" fand. Einem „Medikament", das von Zipperlein bis Gicht, Halsweh und Ohrensausen gegen alle Leiden dieser Erde hilfreich sein sollte. So wurde es jedenfalls zunächst angepriesen.

Wirklich nützlich war es gegen etwas, das heute als „Angina pectoris" bekannt ist und immer noch mit einer Substanz behandelt wird, die der Hauptbestandteil in „Dippels elexirum vitae" war: Nitroglyzerin – weshalb auch der Pulverturm nicht unerheblichen Schaden nahm.

Dippel hatte bei seinen alchemistischen Experimenten eine schwach gelbliche Flüssigkeit, nämlich den dreifachen Salpetersäureesther des Glyzerins, mit Schwefelsäure, Katzenfett (von alten Katern), Blut von Jungfrauen und Talkum gemischt – wohl um die Substanz zu stabilisieren. Rezept und Vorgehensweise hat Dippel sorgfältig notiert. An der Universität Leiden ist dieses Rezept aufgefunden worden.

Dort wurde entdeckt, dass die niederländischen Professoren, als Dippel 1711 den Doktortitel erwerben wollte, ihm die Zusammensetzung seines Mittels nicht glauben mochten. Erst nachdem er die

Herstellung seines Elexiers, ebenso wie die Behandlung eines Asthmaanfalls, demonstriert hatte, konnte er in allen Ehren als Doktor der Medizin in den Kreis der erlauchten Leidener Kapazitäten aufgenommen werden.

Dieser Hintergrund des Dippel'schen Rezeptes wurde 2009 in den Niederlanden gefunden und veröffentlicht. Auch wie Dippel davon berichtete, dass er bei der fehlerhaften Herstellung des Elixiers durch eine Explosion aus dem Pulverturm geschleudert und „in einen Schlehen gestürzt" wurde.

In den umliegenden Dörfern der ehemaligen Frankensteinischen Herrschaft munkelte man wegen seiner Experimente schon früh, Dippel sei mit dem Bösen im Pakt. Er grabe Leichen aus und trenne ihnen „Arm und Bein vom Rumpfe ab, schneidet den Leib uff". Auch soll er jungen Mädchen und Kindern „Blut abgezogen und in Flaschen bewahrt" haben. So hielt es der Pfarrer Moritz Scriba auch im Kirchenbuch von Nieder-Beerbach fest, in dem der geistliche Herr sämtliche „Schandtaten des abgefallen Theologen mit dem Teufel" verbuchte.

Scriba war es auch, der den ungeliebten Alchemisten mit einer „Schauergeschichte" in Misskredit bringen wollte. Was ihm durchaus auch gelang. Er erzählte überall herum, erwähnte es sogar in seinen Predigten. Dippel sei ein Blutsbruder des Teufels. Mit dessen Hilfe habe er aus den vom Friedhof in Nieder-Beerbach gestohlenen Leichen und dem Blut der Jungfrauen einen Unhold erschaffen. Der habe sich befreit und suche nun die Umgebung heim, fange Kinder und missbrauche sie. Diese Schauermär hörten auch die Brüder Grimm, die im Odenwald Märchen sammelten. Jacob Grimm teilte sie dann der Übersetzerin der Märchen Mary Jane Clairmont 1813 in einem Brief mit.

Dippel gewann trotz alle dem einen großen Ruf mit diesem „Lebenselixier" und lebte als hoch angesehener Arzt längere Zeit außer in Leiden in Antwerpen sowie Amsterdam, bis er sich mit einer

Schrift über die Kriege der Türken gegen Europa und vorzugsweise das Reich der Habsburger so unbeliebt machte, dass er nach Altona fliehen musste. Überhaupt zieht sich wie ein roter Faden ein Problem durch sein Leben: Dippel mischte sich in allerlei politische Querelen ein. Er stellte sich mit seinen Äußerungen immer wieder gegen die jeweilige Regierung, der er eigentlich dienen sollte.

In Altona war er dänischer Kanzleirat, als der er seine sich ausgesprochen tolerant gebende Regierung in Kopenhagen heftigst kritisierte. Das mochte man sich in Dänemark nicht widerspruchslos gefallen, noch ungesühnt durchgehen lassen. Dippel, der schon seit seiner Zeit in Straßburg als „Johann Konrad Dippel von Frankenstein" unterschrieb, wurde 1719 „freundlichst" zum Rapport gebeten.

Was er nicht ahnte: Ihm wurde in der dänischen Hauptstadt ein politischer Schauprozess, hauptsächlich wegen Majestätsbeleidigung, gemacht. In dessen Verlauf wurde er in allen Punkten schuldig gesprochen. Danach saß er bis 1726 auf Bornholm gefangen – wobei er in Ketten nach dort befördert wurde, denn er war eigentlich wegen Beleidigung des Hofes zum Tode verurteilt worden. Man mochte ihn jedoch, weil er „adligen Geblütes" war, nicht hinrichten. So kam er „nur" in Haft.

Diese „Gefangenschaft" darf man sich keinesfalls als Haft im heutigen Sinne vorstellen. Da Dippel als Adeliger galt, stand er nur unter Arrest. Er durfte sich auf Bornholm weitgehend frei bewegen, die Insel jedoch nicht verlassen. Was er allerdings durfte war, sonntags den Gottesdienst halten. Was er auf eine besondere Weise nutzte.

Seine chemischen Studien nicht vernachlässigend fand Dippel in seiner Bornholmer Zeit eine Methode, den beliebten Schnaps der Dänen, den Aquavit, reiner und stärker zu destillieren als je zuvor. Von seinem „köstlich Gebräu" gab er sonntags nach dem Gottesdienst, allen erwachsenen Kirchenbesuchern eine Kostprobe.

Diesen viertel Pint starken Schnaps' erhielt aber nur, wer bis nach dem Vater Unser geblieben war. Weshalb bei Dippels sonntäglichen Gottesdiensten die Kirchen stets wohl gefüllt waren. Während sie ansonsten eher leer blieben. Denn den trinkfreudigen Bauern fehlte der Anreiz, sich den eher langweiligen Predigten auszusetzen.

In einem Punkt war sich die Bornholmer Geistlichkeit sehr schnell einig: So konnte das mit dem sonntäglichen Schnapsausschank in der Sakristei nicht weitergehen. In zahlreichen Petitionen an die königliche Residenz forderten die Theologen in seltener Einmütigkeit, der Hof möge Dippel aus dem Arrest entlassen, ihn des Landes verweisen und ihn dann vergessen.

Diesem Wunsch kam man in Kopenhagen relativ schnell nach. Dippel musste Bornholm mit der Zusicherung verlassen nie und nimmer mehr dänisches Gebiet zu betreten. Wer geglaubt hatte, der Alchemist, Anatom und Theologe würde nun ruhiger leben, hatte sich getäuscht. Er ging in die Dienste der Herren auf Schloss Wittgenstein bei Bad Laasphe. Hier widmete er sich außer theologischen auch chemischen Studien.

Vor allem arbeitete er dort an den Kommentaren zur Berleburger Bibel mit, deren Druck er nie erlebte. Wohl aber bis zu seinem überraschenden Tod an den Kommentaren zahlreiche Korrekturen vornahm. Ein Korrekturdruck mit seinen handschriftlichen Anmerkungen ist in jüngster Zeit gefunden worden.

Schon 1783 veröffentlichte H. W. Hoffmann ein Buch, in dem er sich mit Leben und Meinungen Dippels intensiv auseinandersetzte. Wobei seine umfassende Kenntnis auch weniger bekannter Werke Dippels auffällt.

Hierzu stellt Hoffmann fest: „Seiner Schriften sind sehr viele, die er selbst, meistens unter dem Namen Christianus Democritus, herausgegeben hat. Nach seinem Tode sind sie zu Berlenburg in drei Quartbänden zusammen gedruckt worden, unter dem Titel: Eröffneter Weg zum Frieden mit Gott, oder sämtliche Schriften Christiani

Democriti, Berleburg 1747. Außer dieser hat man noch eine wiewohl nicht so vollständige Ausgabe von Amsterdam 1710."

Nach den Erkenntnissen Hoffmanns sieht Dippel die „Voraussetzung für eine Religion in einem gebesserten, mit Liebe gegen Gott und dessen Geschöpfe erfüllten Herzen und einem hieraus fließenden frommem Lebenswandel, nicht Meinungen. Närrisch sei es also zu glauben, Gott mache keinen selig, bis er ihn orthodox gemacht habe und teuflisch, jemanden zu verfolgen oder gar zu töten, wenn er verschiedener Meinung sei. Es sei nirgends geboten, und könne nicht geboten werden, Recht zu meinen, sondern Recht zu tun. Selig sei der, der dieses tut er sei Jude, Türke Heide oder Christ."

Hiernach sei die Vereinigung der verschiedenen Religionen nicht unmöglich, wenn man deren Hauptzweck gemeinschaftlich verfolge, „ohne zu zanken". Denn schon die Apostel hätten ihre Lehre sehr unterschiedlich gesehen, ohne über ihre Meinungen in Streit zu geraten.

Dippels Ideal von einem vollkommenen Staat war, so Hoffmann, eine Gesellschaft frommer Menschen, die „ohne alle bürgerlichen Fesseln würde bestehen können, wenn diese, insofern sie den Zweck der wechselseitigen Glückseligkeit hätten, zielten nur dahin, die Ausbrüche des Lasters zück zu halten und würden unnötig sein, sobald das Laster in der Wurzel vertilget sei."

Der erste und einzige politische Grundsatz sei, „dem Staat innerliches Gewicht zu verschaffen, durch moralische Besserung des Volkes, Administrierung guter Justiz, Verbannung der Monopolien, des Luxus und der Faulenzerei, Vertilgung des Religionszwangs, Vermeidung der ‚faits neanterie', aller Komödien, Maskeraden usw. und Einführung guter Polizei."

Immer wieder, so Hoffmann, habe Dippel die Justiz in Deutschland kritisiert. Er forderte, das „Chaos von Gesetzen" abzuschaffen. An seine Stelle sollten in klar fasslichen Formulierungen Gesetze treten, die das einfache Volk verstehe und deshalb einhalten könne. Als schimpflich bezeichnete er, dass Advokaten gegenüber dem Richter des Volkes Stimme darzustellen hätten. Dies schränke das Recht des Bürgers ein, verhindere sogar weitgehend, dass dieser für seine Sache eintreten könne.

Die zu seiner Zeit häufig verhängte Todesstrafe bezeichnete er als willkürlich. Sie stamme aus 200-jährigen Rechtsbräuchen her, die in eine moderne Gesellschaft nicht mehr passten.

Dippels Wirken, auch das als Chemiker und Arzt, ist noch immer weitgehend im Dunkel geblieben. Zumindest in Deutschland. In den Niederlanden, England und den USA ist man da deutlich weiter. Auch in Frankreich gibt es zahlreiche Veröffentlichungen über das „deutsche Genie" Dippel. Bemerkenswert ist, was E. E. Aynsley und W. A. Campbell als Zusammenfassung über Dippels Leben zusammengetragen haben.

Sie fanden heraus, dass Dippel zur Alchemie über einen Gießener Pfarrer kam, der ihm die einschlägige Literatur mit der Begründung zugänglich machte: „Vielleicht verstehst du besser als ich, was da geschrieben steht." Die Bücher waren das „Experimenta" von Raymond Lully und Wilhelm Postels „Velamen Apertum".

Besonders beeindruckt war Dippel von Lully und dessen klarer Sprache. Nach der Lektüre dessen Schriften kam er zu dem Schluss, es müsse für ihn ein Leichtes sein, Gold zu machen. Er widmete sich der Alchemie mit aller Hingabe und viel Leidenschaft …

📖

Mary Shelleys Monster

Keine andere Literatin der Englischen Romantik hat den Ruhm der Mary Godwin Shelley erreicht. Aber auch fast 200 Jahre nachdem sie ihr Buch schrieb, ist kaum eines so von Fragen und Rätseln umgeben wie „Frankenstein or The modern Prometheus".

Immer wieder wird bestritten, dass Mary Shelley ihren berühmten Roman an der Person Johann Konrad Dippels von Frankenstein festgemacht hat. Sie selbst gibt dazu keine näheren Auskünfte. Aber wie sie die Geschichte um den vermessenen Wissenschaftler der Gott spielen will schildert, spricht eigentlich alles für diese Verbindung.

In den Kreis der Kritiker reihen sich auch vermeintliche Historiker aus der Umgebung der Burg Frankenstein bei Darmstadt ein. Sie werden nicht müde, ihre Kenntnisse zu propagieren. Übersehen dabei jedoch, dass selbst der ehrwürdige Brockhaus längst über ihren antiquierten Wissensstand hinweggegangen ist. Selbst Meyers Konversationslexikon von 1888 ist in dieser Sache schon aktueller.

Mary Shelleys Roman um den Wissenschaftler Victor (der Sieger) von Frankenstein ist der erste Roman der Weltliteratur, der die Frage stellt: „Darf ein Wissenschaftler mit seinem Wissen, seinem Können und seiner Moral einen neuen Menschen mit neuer Ethik und neuen Moralvorstellungen erschaffen?" Ihr von Frankenstein scheitert dabei, wird von seiner eigenen, von ihm erschaffenen Kreatur getötet. Das namenlose Monster verschwindet in ihrem Roman im ewigen Eis des Nordpols; der Hölle des Atheismus.

Unter Historikern ist der Brief Jacob Grimms an die Übersetzerin der Grimm'schen Märchen ins Englische, Mary Jane Clairmond – die Stiefmutter Mary Shelleys – längst nicht mehr umstritten. Auch wenn er sich bisher nicht, wie erhofft, in einem den Bibliotheken der Universität Oxford überlassenen Nachlass finden ließ. Der Spender hat diese Schilderung der „Schauermär" wohl einem guten Freund überlassen oder verkauft. Tatsache ist je-doch, dass zahlreiche Kenner der Materie diese Schilderung in dem Brief von 1813 gesehen haben.

Auffällig ist in ihrem Roman auch, dass Mary Shelley nicht nur aus der „Schauerge-schichte" vom Frankenstein „Zutaten" ge-wählt hat, sondern auch dem besten Freund ihres Vaters William Godwin ein Denkmal setzte. Es handelt sich dabei um Erasmus Darwin, Großvater von Charles Darwin, dem Begründer der Evolutionslehre. Dieser hat im Auftrag der Universität von London die Universitäten Europas bereist um deren Stand in Wissenschaft und Forschung zu erkunden.

Erasmus Darwin

In Bologna stieß er dabei auf die Experimente Galvanis mit Froschschenkeln. In Ingolstadt, der damals führenden medizini-schen Hochschule Europas, faszinierten ihn die Experimente mit Leichenteilen. Diese wurden von den Professoren und ihren Helfern durch Stromstöße aus Leidener Flaschen[4] zu wilden Zuckungen an-geregt.

Diese Experimente brachten Erasmus Darwin und seinen Freund William Godwin auf eine glorreiche Idee: Sie führten die Ingolstäd-ter Experimente im Wohnzimmer William Godwins der staunenden feinen Gesellschaft von London vor. Mary Shelley (14 Jahre alt) fiel dabei die Aufgabe zu, wenn die blutspritzenden Arm- und Bein-stümpfe entsprechend zuckten stilvoll in Ohnmacht zu fallen. Was ihr wohl nicht schwergefallen sein dürfte. Die feinen Londoner Da-men taten es ihr nach.

Sie berichteten später in ihren Tee Clubs von diesen Erlebnissen. Was Godwin und sein Freund einträglich im Geldbeutel zu spüren bekamen. Denn kostenlos waren ihre „anatomisch – elektrisch –physikalischen Experimente" auf keinen Fall und für niemand.

Jedoch Mary Shelley auf diesen Teil ihres Gothiks zu reduzieren, tut der jungen Frau bitter Unrecht. Denn im Zentrum ihres Romans steht die ergreifende Leidensgeschichte der Kreatur, die zu einem metaphysischen und anthropologischen Lehrstück wird. Am Schicksal des künstlichen Menschen werden die existenziellen Ängste und religiösen Nöte des menschlichen Lebens in konzentrierter Form veranschaulicht. Das aus Leichenteilen erschaffene künstliche Wesen wird zum Doppelgänger des natürlichen Menschen.

Dass im Lauf der Handlung der Name des Forschers auf seine Kreatur übergeht, liegt im Wesen der Sache: In ihrer wechselseitigen Feindschaft nähern sich Schöpfer und Geschöpf bis zur Austauschbarkeit einander an. Beide erleiden die gleichen physischen und psychischen Qualen, finden keine Möglichkeit ihrer geistigen wie körperlichen Einsamkeit zu entfliehen.

Hoffmann von Fallersleben, der Dichter des Deutschlandliedes, sah das ganz anders. Er, damals Bibliothekar der Grafen von Hohenlohe - Schillingsfürst und zuständig für die „Hausbibliothek" im Kloster Corvey, hielt Shelleys Roman für die „Ausgeburt eines überspannten Gehirns eines englischen Fräuleins".

Im Brief an einen Amtskollegen in Wolfenbüttel ärgerte er sich darüber, dass er dieses „Machwerk" nicht nur lesen, sondern dessen Inhalt für seine hohen Herrschaften in wenigen Zeilen zusammenfassen musste. „Damit sie mit meinem Wissen glänzen können". Was damals Vorrecht der adligen Gesellschaft war, machen heute Politiker und Wirtschaftsbosse nicht anders.

Mary Shelleys Roman hat das alte Thema der Erzeugung künstlichen Lebens aufgegriffen. Im Zeitalter der Romantik – etwa bei E.T.A. Hoffmann (Der Sandmann, 1817) und Achim von Arnim –

stieß es zum ersten Mal auf besonderes Interesse. Die bis heute beliebten Schreckensparabeln entwickelten sich hieraus: Das Geschöpf wendet sich gegen seinen Schöpfer. Es bringt ihm Tod und Verderben.

Mary Shelleys Vorgänger im Genre „Gothik Novel" waren gegen Ende des 18. Jahrhunderts in der englischen Variante des Schauerromans von Horace Walpole „Das Schloß Otranto" (1765), Ann Radcliffe „Udolpho's Geheimnisse" (1794), sowie M. G. Lewis „Der Mönch" (1796) zu sehen.

Charakteristisch sind bei ihnen irrationale, groteske und unheimliche Elemente ebenso wie Handlungsabläufe mit Spannungs- und Überraschungseffekten. Unter den literarischen Nachfolgern Mary Shelleys verdienen vor allem der Roman „Die Eva der Zukunft" (1886) von Villiers de l'Isle Adam und die Erzählung „Moxons Herr und Meister" (1893) von Ambrose Bierce Erwähnung.

Mehr als 200 Filme, mehr oder minder eng am Text des Romans angelehnt, haben Mary Shelleys Roman zum Archetyp des Genres „Horrorfilm" werden lassen. Wobei dieser als Untergruppe des fantastischen Films zu sehen ist. Für ihn typisch ist die Atmosphäre des Grauens und des Entsetzens.

Die literarische „schwarze Romantik" des 19. Jahrhunderts war meist identisch mit der „Gothic romance", mit der die Nachtseiten des Mittelalters heraufbeschworen wurden. Sie hatte Vorbilder in der neugotischen Architektur – etwa dem nach Ideen Walpoles erbauten Landhaus Strawberry Hill (1748-77) oder dem Schloss Fonthill Abbey (1796-1807), das James Wyatt errichtete. Auch in den Ruinenkulissen der Landschaftsgärten spiegelte sich die romantische Vergangenheitssehnsucht wieder.

In der Malerei hat die Schauerromantik im ersten Drittel des 19. Jahrhunderts die visionären Panoramen von John Martin hervorgebracht. Vorläufer waren Johann Heinrich Füssli und William Blake, die in ihren Bildern eine unheimliche, irrationale Welt zeigten.

Zu ihrem Höhepunkt fand die englische Malerei der Romantik jedoch nicht in solchen Darstellungen, sondern in pathetischen Landschaften. Im 18. Jahrhundert war es für die jungen Lords und Gentlemen ein Muss geworden, ihre Erziehung mit einer Reise über den Kontinent nach Italien zu beenden. Meist begleiteten sie auf dieser „grand tour" Aquarellmaler. Ihre Motive der klassischen Bildung wurden nun häufig von reizvollen Landschaften abgelöst.

William Pars malte in den 1760er-Jahren die Schweizer Alpen als Musterlandschaft des Erhabenen. Der berühmte Dichter Lord Byron, Freund Percy Bysshe Shelleys und Geliebter von Claire Clairmont, der Stiefschwester Mary Shelleys, erhob das Rheintal und Venedig zum Inbegriff romantischer Szenerie.

Touristenströme folgten seinen Spuren, was in der Lagunenstadt zur baldigen Umwandlung alter Paläste in Hotels führte. Die Reisen zu solchen malerischen Attraktionen, aber auch das neue Interesse an stimmungsvollen Regionen in der Heimat zog einen unvergleichlichen Aufschwung der englischen Landschaftsmalerei zwischen etwa 1800 und 1840 nach sich. Unter bekannten Künstlern wie John Crome, Richard Parkes Bonington, John Cotman oder Thomas Girtin ragte John Constable heraus. Seine, in lockerer Pinselführung festgehaltenen stimmungsvollen Naturschilderungen begeisterten die Franzosen Delacroix und Géricault. Später beeinflussten sie die Meister von Barbizon und sogar noch die Impressionisten.

William Turner überragte jedoch alle, dessen in Farbe und Licht aufgelösten Bilder John Ruskin, der prägende Kunsttheoretiker der Romantik in England, 1843 in seinem Buch „Modern painters" leidenschaftlich gegen Spötter verteidigte. Turner, Mitglied und Professor der Royal Academy, orientierte sich zuerst an der klassischen Landschaftsmalerei von Claude Lorrain. 1802 reiste er zum ersten Mal auf den Kontinent. Er besuchte Frankreich und die Schweiz. Nach seinem ersten Besuch Italiens (1819/20) gestaltete er seine Ölbilder, Aquarelle und Zeichnungen immer experimenteller, bis hin zur vollkommenen ausgefeilten Finesse seines Spätwerks. Dabei entwickelte er, gestützt auf Goethes Farbenlehre, eine revolutionäre Wiedergabe des Lichts und eine Farbigkeit, die sich, zum Beispiel in den Venedig-Gemälden der 1840er-Jahre, zum Impressionismus und zu sogar abstrakt wirkenden Strukturen steigerten.

Sein berühmtes Bild „Regen, Dampf und Geschwindigkeit – Die Große Westeisenbahn" veranschaulicht nicht nur das Tempo des neuen Transportmittels in der dunklen Geraden des dahinrasenden Zuges inmitten eines diffusen Fleckengewirrs. Damit nimmt er die abstrakte Malerei unserer Zeit teilweise sogar vorweg.

Turner sah die grenzenlose Natur als ein unlösbares Rätsel. Er begriff dies als kosmisches Schicksal, stellte es in einer Reihe mythischer Landschaftsszenarien dar. Die bildnerische Entsprechung von Werden und Vergehen entwickelte sich bei ihm aus der Polarisierung von Licht und Dunkel. Sie überstieg in ihrer visionären Wirkung die sonst übliche gefühlsbetonte Darstellung der Landschaft in der Romantik weit.

So weit muss man ausholen, will man Mary Shelley und ihren Roman verstehen. Sie ist, ihrem Herkommen aus einem literarisch geprägten Haus und ihrem Wissen nach weit entfernt davon, nur ein leichtfertiges, halbgebildetes Mädchen zu sein. Im Gegenteil. Sie hat geniös schon als Teenager ein Werk der Weltliteratur geschaffen, dessen Bedeutung noch kaum gebührend gewürdigt wird. Burg Frankenstein, ebenso wie ganz Hessen, kann stolz darauf sein, mit diesem Werk der Weltliteratur in Verbindung gebracht zu werden.

Am 22. Januar 2015 kam ein Film in die Kinos, der ein besonderes Schlaglicht auch auf Mary Shelley und ihren Frankenstein-Roman wirft. „The Imitation Game" zeichnet das Leben des Mathe-Genies Alan Turing nach. Während des 2. Weltkriegs hat Turing die Codes der deutschen Enigma-Maschine geknackt. Aber er hatte auch ein tragisches Schicksal.

Bis in die 70er-Jahre kannte kaum jemand die Geschichte von Alan Turing. So lange war seine Arbeit Verschlusssache der britischen Regierung. Danach rückte der Physiker Andrew Hodges die Lebensgeschichte des Vaters der Computerwissenschaften mit einer Biografie ins Rampenlicht:

Alan Turing

„Turing war Mathematiker, das finden viele vielleicht nicht so sexy", meinte Hodges. Aber er sei sehr außergewöhnlich gewesen: „Er schrieb zwar über künstliche Intelligenz aber es klingt immer der Gedanke mit: Ich bin ein menschliches Wesen, das sind meine Gefühle. Diese Verbindung zwischen Humanität und logischer Wissenschaft ist für einen Mathematiker einzigartig."

Hodges Buch war die Vorlage für den Film "The Imitation Game. Turing und seine Kollegen versuchten während des 2. Weltkriegs fieberhaft, die Enigma-Codes der Nazis zu knacken. Um seine damals noch strafbare Homosexualität zu überspielen, bittet Turing eine Kollegin, ihn zu heiraten. In einer Fernsehdokumentation erinnert sich die echte Joan Clarke an diese Situation: „Ich war wirklich überrascht, als er fragte: Kannst Du Dir vorstellen, meine Frau zu werden? Ich war aber nicht zu überrascht, um nicht sofort 'Ja' zu sagen. Alan kam zu mir und küsste mich. Viel mehr Körperkontakt hatten wir nicht." Turing gesteht Clarke schließlich seine Homosexualität. Die Hochzeit fällt aus.

Nach dem Krieg von Winston Churchill als Held belobigt, wird dem Codeknacker die Beziehung zu einem Mann zum Verhängnis. Wegen Unzucht verurteilt, muss er sich einer chemischen Kastration unterziehen. Er gilt als Sicherheitsrisiko, verliert seinen Job.

Kurz vor seinem 42. Geburtstag liegt Turing tot in seiner Wohnung. Er hat sich mit Zyankali vergiftet. Neben ihm liegt ein angebissener Apfel seiner Lieblingssorte. Er hat den vermutlich selbst mit dem Gift versetzt.

Um den Tod Turings rankt sich eine nie ins Reich der Fama verbannte Geschichte. Als Steve Jobs ein Logo für seine neugegründete Firma Apple suchte, soll er den angebissenen Apfel Alan Turings als Hommage an den Mathematiker gewählt haben. Direkt hiernach gefragt, sagte Jobs einem Reporter nur: „A nice story; think about it what you mean, it is okay. "

📖

Rundgang durch die Ruine

W ie die Burg Frankenstein ausgesehen hat, als sie noch in voller Blüte stand, wird wohl für immer ein Geheimnis bleiben. Weder sind Pläne noch Zeichnungen erhalten geblieben. Die wenigen Darstellungen oder Gemälde von der Burg sind Produkte der Fantasie und stellen eine „typische" Burg des Mittelalters (Stauferzeit, 11./12. Jahrhundert) dar. Die authentischen Darstellungen der Burgruine von Georg Primavesi spielen für die Erforschung der Burg und ihrer Geschichte eine nicht unbedeutende Rolle. Die Entstehung der Stiche geht auf das Interesse Goethes an der Ruine zurück.

Das Original, aus dem sie stammen, ist ein Einzelexemplar in der Sammlung der Landes- und Hochschulbibliothek in Darmstadt. Weitere, und auch spätere Blätter anderer Grafiker, ebenfalls aus der Zeit um 1800, sind in der grafischen Sammlung des Landesmuseums Darmstadt erhalten.

Diese Darstellungen sind ihres historischen Wertes wegen umstritten. Auf einige von ihnen stützt sich die unglückliche Restaurierung der Burg, die erst Mitte des 19. Jahrhunderts als romantische Ruine abgeschlossen wurde. Ebenso basiert auf ihnen eine laienhafte, angeblich authentische, Computer-Wiederherstellung des alten Aussehens der Burg. Diese ist einem Kupferstich täuschend ähnlich, der ebenfalls aus dieser Sammlung stammt. Doch warum sollte man, als die Burg längst im Verfall begriffen war, die Dächer abreißen und – neu – Zinnen bauen? Da ist die Darstellung Primavesis deutlich näher an den tatsächlichen Gegebenheiten.

Das Werk des Darmstädter Hofmalers und Bühnenbildners Johann Georg Primavesi[5], dem die zwölf Kupferstiche von der Burg Frankenstein zu verdanken sind, ist wenig bekannt. In Heidelberg und Kassel, wo er in seinen letzten Lebensjahren wirkte, wird versucht, diesem Nachteil abzuhelfen und seine Bedeutung ins rechte Licht zu rücken.

In Darmstadt, seiner zeitweiligen Heimatstadt, finden sich Teile des Briefwechsels mit seinem Frankfurter Verleger. Im vorhandenen Briefwechsel der beiden Männer sind zahlreiche konkrete Anhaltspunkte auf, wohl noch immer wenig bekannte, Briefe Goethes zu finden. Inzwischen steht fest, dass Goethe den ihm aus seiner Frankfurter/Darmstädter Zeit bekannten Primavesi förderte und beriet. Primavesi hat nicht nur Goethe bei der Weiterentwicklung seiner Farbenlehre unterstützt. Vielmehr zählte er auch zu den Vorbildern des berühmten englischen Landschaftsmalers William Turner[6]

Wer den Weg zur Burg per Fuß nimmt, muss einen Höhenunterschied von etwas mehr als 200 Metern überwinden. Die exakte Höhe des Frankensteins wurde mit 397 Metern über Meeresniveau bestimmt. In der Mauer des Verbindungsganges zwischen Aussichtsplattform und Wohnturm findet sich ein trigonometrischer Messpunkt, der die genaue Lage der Burg im internationalen Vermessungssystem bestimmt.

Die Burg Frankenstein liegt auf der Fortsetzung des Langen Berges, der ab Seeheim diesen Namen hat. Aber in der Gemarkung Nieder-Beerbach (zu dem Ort gehört der Frankenstein) heißt er Schlossberg. Jedenfalls der Teil des Berges, auf dem die Burg liegt.

Die Flieger, die über 50 Jahre in Sichtweite des Frankensteins auf dem Griesheimer Sand und nach dem Versailler Vertrag auf dem Ilbeskopf ihrer luftigen Kunst nachgingen, gaben dem Berg noch einen anderen Namen. Für sie war dieser eher eine Beschimpfung. Magnetberg nannten sie ihn, weil hier magnetisches Gestein vorherrscht, das inzwischen international Frankenstein-Gabbro genannt wird. Von ihm wird jeder magnetische Kompass abgelenkt.

Um drei Grad glaubt man den Wissenschaftlern. Das würde auf dem Flug vom August-Euler-Flugplatz auf dem Griesheimer Sand bei Darmstadt nach Warschau eine Missweisung von locker 160 Kilometern ausmachen. Statt einer Zwischenlandung in Berlin würde sie in Dresden erfolgen, stellte man den Kompass über dem Magnet-berg ein. Was den Männern um den Inhaber des deutschen Flug-scheins Nummer eins, August Euler, in der ersten Zeit mehr als ein-mal passiert ist. Das macht ja ihren Groll irgendwie verständlich.

Der Luftfahrtpionier August Euler erhielt nicht nur als erster Deutscher einen internationalen Flugschein[7]. Der 1868 im westfäli-schen Oelde geborene Ingenieur baute das erste deutsche Motor-flugzeug und entwarf weitere 25. Als den Deutschen nach dem 1. Weltkrieg von den Siegermächten der Motorflug verboten wurde, war es wieder die Stunde des August Euler. Er „erfand" am Ilbes-kopf (südlich der Burg) den Segelflug. Der an der Technischen Hochschule Darmstadt und auf der Wasserkuppe in der Rhön, so-wie auf dem Feldberg im Schwarzwald seine Hochburgen hatte und noch heute hat. Heute ist der Ilbeskopf bei den Segelfliegern in Ver-gessenheit geraten. Die Rampe, über die die „Gummilümmels" die Segelflieger in den Himmel schleuderten, ist noch vorhanden.[8]

Heute gilt August Euler, ebenso wie Hermann Oberth[9], als einer der Väter der Eroberung des Himmels und des Weltalls. Oberths Thesen zur Weltraumfahrt gelten als Grundlagen für die Raumfahrt und den Raketenbau. Aufgestellt zu einer Zeit, als sich kaum ein Wissenschaftler vorstellen konnte, die Menschheit würde je einen Fuß auf den Mond setzen, stellte er hierzu konkrete Berechnungen vor. Die sich viel später bestätigen ließen. Sie haben den deutschen Raumfahrtpionier und „Mann im Mond", Wernher von Braun, we-sentlich beeinflusst.

Im Burggelände sollte man nicht nur einen kurzen Blick nach Westen über die Rheinebene riskieren. Man sieht bis hin zum fernen Donnersberg im Pfälzer Wald mit den Vogesen im Hintergrund. O-der man kann im Norden die Skyline der Frankfurter Hochhäuser bewundern. Im Osten sind das Kraftwerk Staudinger in Hanau und der Spessart zu erkennen.

Vor dem Tor der Burg liegt bergseits der Schalenturm. Zusammen mit der Bastion genau gegenüber bildete er die erste Verteidigungslinie. Im Falle eines Angriffs konnten die beiden Türme von den Burgmannen besetzt werden. Bis der Feind den steilen Aufstieg durch Gärten und Felder geschafft hatte, waren alle Gegenmaßnahmen getroffen. Will heißen: Wasser, Öl und Pech waren heiß – und konnten auf die, vom Aufstieg in ihren schweren Rüstungen bereits ermüdeten – Feinde gekippt werden. Diesem Zweck dienten die sogenannten Pechnasen, die am Schalenturm noch heute zu sehen sind.

Aber es gab ein noch weit mehr gefürchtetes Kampfmittel: „liebevoll" in großen Bottichen gesammelte Fäkalien der Burgbewohner. Sie wurden den Angreifern aus großen Kübeln aufs Haupt gekippt. Woher der beliebte Spruch kommt: „Ich fühle mich besch…"

Die Burgenbauer der Stauferzeit[10] holzten die Wälder rund um ihre Burgen rigoros ab. Um sich besser verteidigen zu können. Aber auch, um in unmittelbarer Nähe Gärten und Felder anlegen zu können. Womit sie ihre Ernte immer unter Aufsicht hatten.

Niemals hätte ein Burgherr seinerzeit geduldet, dass ein Baum sich in den Verteidigungsanlagen festsetzte. Deshalb gibt es eine „schöne Linde" im Vorwerk erst seit 1545. Damals verlor das Vorwerk seine Bedeutung für die Burgbewohner.

Als die Frankensteiner Nebenlinien die Burg ihrer Väter aufgaben, 1670, pflanzten sie auf der Bastion statt der verkümmerten eine neue Linde, die immerhin bis in die Wirren des 2. Weltkriegs hinein stand.

Sie wurde das einzige Opfer des Beschusses durch die Amerikaner, als sie kurz vor Ende des 2. Weltkriegs unter Führung von Bob Konopacky die Burg kampflos eroberten. 1952 setzten sie hier wieder eine „schöne Linde", die heute noch gedeiht.

Vom ursprünglichen Tor ist nichts mehr erhalten. Es war ein Bohlentor mit Wehrgang und massivem Überbau. Es wurde 1856 durch ein einfaches Bogentor ersetzt, das keinesfalls dem historischen Zustand entsprach. Heute ist hier ein einfaches Metallgitter-Tor angebracht.

Direkt links vom Tor liegt der ehemalige Pferdestall. Wo einst ritterliche Streitrosse[11] wieherten. Eine Scheune, ein Wohnhaus für Knechte und Mägde, sowie weitere Ställe schlossen sich an. An ihrem Platz steht jetzt das Restaurant, wo für das leibliche Wohl der Burgbesucher gesorgt wird.

Dem direkt gegenüber liegt der „Apfelgarten", zu Zeiten der Ritter eine ganz wichtige Einrichtung. Denn damals kannte man zwar nicht die Wirkung der Vitamine. Spürte aber sehr wohl, speziell im Winter, dass etwas Wichtiges in der Nahrung fehlte. Etwas, das in Sauerkraut oder Apfel zu sein schien. Also aß man Äpfel; Kraut und im Sommer viel frisches Gemüse.

Ganz wichtig waren aus diesem Grunde die Äpfel, denen im Winter besondere Bedeutung zukam. Auf vielen Burgen wurde per Kontrakt geregelt, wie viele Äpfel in der Woche einem Burgmannen, Knecht, Magd oder Herrn zustanden. Solche Bedeutung hatte das Obst damals ...

Da es eng auf einer Burg wie dem Frankenstein war, musste der Raum so gut genutzt werden wie möglich. Weil der Mensch nicht nur vom Brot allein lebt, war aber auch eine Kapelle absolutes Muss. Sie liegt direkt am Apfelgarten.

Die nach Unterlagen des Bistums Mainz 1052 von einem dortigen Domherrn geweihte Kapelle kann seit der intensiven Renovierung besichtigt werden. Ob sie allerdings das gleiche Gebäude ist, das dereinst von dem Domherrn am gerade wieder fertiggestellten Mainzer Dom[12] geweiht wurde, mag dahingestellt bleiben. Wichtig ist jedoch der Hinweis auf die Burg Frankenstein als solche.

Nach dem Weggang der Frankensteiner diente die Kapelle lange Zeit als Stall. Das wurde erst 1850 anders. Da ließ Ludwig III., Großherzog in Darmstadt, die Kapelle wieder herrichten. Was vor allem beim Fußboden Probleme machte. Drei Jahre später war es so weit: Drei Grabmale der Frankensteiner aus den Kirchen in Eberstadt und Nieder-Beerbach wurden als Schmuck des kleinen Gotteshauses in den Seitenwänden eingelassen.

Wenn man die Kapelle verlassen hat, sieht man linker Hand den wuchtigen Brückenturm. Er ist der Zugang zur eigentlichen Burg, in der die Frankensteiner lebten. Hauptgebäude war der rechter Hand in Süd-Nord-Richtung gelegene Palas. Welcher Begriff heute noch in „Palast" weiterlebt. In ihm waren im ersten Stock der Saal für die Herren und auch die Frauengemächer: die Kemenaten und Gaden. Beides sind Bezeichnungen für Räume, die mit einem offenen Kamin mehr schlecht als recht beheizt werden konnten. In denen sich im Winter die Frauen meist aufhielten. Die Männer verbrachten ihre Zeit nur selten hier. Sie saßen fast immer im ungeheizten Erdgeschosssaal beim Gesinde.

Das Küchengebäude liegt nördlich vor dem Palas in Ost-West-Richtung. Bis zum Ende des 19. Jahrhunderts war im südlichen Hofbereich ein Brunnen. Er wurde von einer Wasserader gespeist, die in der Nähe des Waldsportplatzes noch heute nachweisbar ist. Allerdings tritt sie nur noch nach starkem Regen als schwaches Rinnsal außerhalb der Burg zutage. Bei Renovierungsarbeiten an der Lieferanfahrt zum Burgrestaurant wurde 2015 im Untergrund eine starke Wasserführung entdeckt. Ob sie mit dem oder den Brunnen in der Burg zu tun hat, ist nicht geklärt.

Im Fall einer Belagerung war der Brunnen für die Burgbewohner lebenswichtig. Denn ohne Wasser konnte eine Burg nur begrenzte Zeit gehalten werden.

Der „alte Bronnen" von Burg Frankenstein ist seit langer Zeit verschollen, ebenso wie der erste Küchenbau der Frankensteiner. In der ersten Bauphase sollen beide neben einem kleinen Tor auf der (östlichen) Talseite nach Nieder-Beerbach zu gelegen haben.

Beide Einrichtungen werden in alten Urkunden erwähnt. Sie können aber nach dem Verfall der Burg nicht mehr eindeutig lokalisiert werden. Auch nicht anhand der Kupferstiche von Primavesi. Selbst ein vermeintlich alter Grundriss der Burg hat sich inzwischen als wenig hilfreich erwiesen. Der (undatierte) Plan scheint erst in jüngerer Zeit entstanden zu sein. Aufgrund von Ausgrabungen hat er sich als falsch erwiesen. Wo in dem Plan das „alte Tor" eingezeichnet ist, muss sich eine Mühle befunden haben, beweisen die gefundenen, abgearbeiteten Mühlsteine.

Bereits in der zweiten Bauphase war das Tor verlegt worden. Die Gründe sind nicht bekannt. In der Teilungsurkunde zum Burgfrieden von 1363 zwischen Konrad III. und Johann I. findet sich eine Bemerkung, die etwas mehr Licht in diese Geschichte bringen könnte: Der alte Schöpfbrunnen wird darin erwähnt: „gegenüber des alten Philippen Haus, zwischen Tor und abgebrannt Küch". Von hier soll auch der nie zweifelsfrei nachgewiesene Geheimgang von der Burg aus in die Nieder-Beerbacher Kirche geführt haben.

Ein Sprichwort sagt: „Die Sonne bringt es an den Tag". Auf dem Frankenstein war es im Frühjahr 1995 eher umgekehrt: Da hat der Regen altes Gemäuer an den Tag gebracht. Dessen Bedeutung heute noch Rätsel aufgibt.

Die Mauerreste wurden zunächst als Befestigung des alten Tores aus der Gründungszeit der Burg gedeutet. Archäologische Untersuchungen im Burghof machten im April 2008 die ganze Sache noch rätselhafter. Dort wo sich der erste Eingang der Burg befunden haben soll, fanden die Experten eine verstärkte Burgmauer, zwei Mauerflügel und zwischen denen eine Art Gang. Der Weg weist einen stufenförmigen Plattenbelag auf. Eingebaut wurde auch ein abgebrauchter Mühlstein, mit der Schärfe nach oben. Die Bedeutung dieses Fundes ist noch ungeklärt.

Unerwartete Funde an der Ostseite des Burghofes. Wo vermeintlich das alte Tor war, fand die Archäologie einen abgearbeiteten Mühlstein. Daneben verlief ein Gang

Ob dieser schmale Durchgang, eher eine einfache Pforte, als Burgtor angesehen werden kann, ist zu bezweifeln. Der archäologische Befund spricht lediglich von einer Pforte, die an der nördlichen Seite einen Scharnierstein und an der anderen ein Widerlager hatte. Was wohl kaum das alte Tor der Burg gewesen sein kann.

Von dem verschollenen Brunnen ist auch bei der Teilung der Burg zwischen dem jüngeren und dem älteren Zweig der Frankensteiner Familien im 14. Jahrhundert die Rede. Er wird erwähnt als „Bronnen gegenüber des alten Philippen Bau".

Der alte Philipp gehörte der jüngeren Linie an, war aber als ältester Herr von Frankenstein derjenige, welcher auf der Burg das Sagen hatte. Aufgrund der widersprechenden Angaben über den „Bronnen" wird vermutet, dass im Burghof des Frankensteins sogar zwei Wasserquellen gewesen sein könnten. Was von der Geologie her durchaus möglich wäre.

Dieses Wohnhaus Philipps stand schräg neben dem Küchenbau der älteren Frankensteiner Linie. Die ihre Küche praktischerweise gleich neben Tor und Brunnen gebaut hatte. Sie existiert allerdings zur Zeit des Teilungsvertrages nicht mehr, weil sie bei einem Brand vernichtet worden ist. Doch die Spuren des Brandes konnten bei den Ausgrabungen/Sicherungsarbeiten infolge des Regens im Winter 1994/95 gesichert werden.

Interessant sind die gefundenen Fundamente des vermeintlichen Küchenbaus. Bauhistoriker verwiesen während der Ausgrabungen und Sicherungsarbeiten darauf, dass es typisch für die Bauweise der Burgunder war, jedes Gebäude auf einem Holzfundament zu errichten.

Der Grundriss des Gebäudes wurde grabenförmig ausgehoben. In diesem Graben legte man Baumstämme hintereinander und verzahnte sie in den Winkeln. Auf diese Balken wurden das Fachwerk und die Mauern gesetzt. Das ganze Haus stand so auf einem Rechteck aus solidem Holz. Das machte ein solches Bauwerk sogar sicher gegen Erdstöße.

Diese burgundische Bauweise hat man auf Bornholm, in Worms, in Genf und in der französischen Bourgogne (Arles) nachgewiesen. Erst in Lyon wurde diese Methode der Gründung von Häusern nicht mehr ausschließlich verwandt. Die hier lebenden Nachfahren der Burgunder wandten auch andere Bauweisen an, die sie für moderner hielten.

Der Brunnen wurde während der Restaurierung der Burgruine zwischen 1835 und 1893 einfach zugeschüttet. Wohl auch ein möglicher „Geheimgang" von der Burg. Sein möglicher Zugang kam in der Nähe der Kapelle zutage, als dort Mauerwerk restauriert wurde.

Diese Funde und der Nachweis des Brandes eines Küchenbaus werfen jedoch mehr Fragen auf, als sie beantworten. Nach den Grabungen im April 2008 noch mehr als zuvor. Georg Primavesi jedenfalls hat die Brunnen 1819 nicht in seine Skizzen der Burg aufgenommen. Aber sie zeigen die Burg Frankenstein noch so, wie Mary Shelley sie 1814 sah.

Wenn man zurückgeht in die Zeit, in der vermutlich Burg Frankenstein entstanden sein dürfte, kommt man auf einen Turmbau, der von einer Mauer umschlossen war. Zunächst reichte der Turm (vielleicht der noch erhaltene Wohnturm?) den Bewohnern des Berges als Lebensmittelpunkt aus. Erst später wurden dann hölzerne Häuser an die Burgmauer gebaut.

Diese archäologisch gestützten Annahmen untermauern Erkenntnisse, dass die Herren von Frankenstein von den Burgundern abstammen. Demnach wurden sie bereits im Zuge der ersten Völkerwanderung auf dem Berg sesshaft. Andere Adelsgeschlechter, besonders an der Bergstraße, traten erst später ins Licht der Öffentlichkeit. Sie zogen erst noch später aus der Ebene auf die Höhen.

Interessant ist in diesem Zusammenhang auch der keltische Jungbrunnen nördlich der jetzigen Restauration. Es ist anzunehmen, dass hier nicht nur ein Druide bescheiden lebte, sondern vielmehr in der näheren Umgebung eine geschützte Wohnanlage vorhanden war. Sie könnte als eigentlicher Vorläufer der Burg angesehen werden. Oder zumindest der Besiedlung des Berges.

Keltischer Jungbrunnen am Frankenstein

Von der alten Zugbrücke, über die Ritter wie Reisende oder Gesinde früher in die Burg kamen, ist nichts mehr da. Der Graben wurde zugeschüttet. Am Torturm sieht man noch die Rollen und die Auflagesteine für das Tor sowie ein Wappen.

Es wurde von den Frankensteinern geführt, seit diese von den Herren in Sachsenhausen reiche Güter in der Wetterau geerbt hatten. Was sie gegenüber den Darmstädter Landgrafen ausgesprochen wohlhabend machte, ihren schon zuvor nicht geringen Reichtum noch mehrte. Voller Stolz zeigten sie ihre Zugehörigkeit zu den Frankfurter Angehörigen. Von der Rolle der Herren von Frankenstein in der freien Reichsstadt zeugt heute noch der „Frankensteiner Hof" in Frankfurt-Sachsenhausen. Sie waren in der freien Reichsstadt als Schultheißen die oberste Ordnungs- und Steuerbehörde des Reiches dort.

Der „Frankensteiner Hof" in Darmstadts Vorort Eberstadt hat mit seiner ursprünglichen Bedeutung auch den Namen verloren und ihn mehrfach gewechselt. Denn als die Darmstädter Grafen die Besitzungen der Frankensteiner übernahmen, mochten sie deren Namen nicht mehr auf Schritt und Tritt begegnen.

Das Wappen der Frankensteiner zeigt auf dem goldenen Feld eines mittelalterlichen Schildes ein rotes Beileisen[13]. Die Tartsche genannten Schilde hatten eine Besonderheit: Sie bedeckten nur die linke (Herz-) Seite des Oberkörpers. Und ließen die rechte frei. Damit der Träger seinen Speer sicherer führen konnte.

Auf der rechten Oberkante des Schildes ist der Hinweis auf das Sachsenhäuser Erbe zu sehen: Ein Turnierhelm verziert mit zwei Schwanenflügeln – dem Zeichen der Sachsenhäuser Schultheißen.

Der Torturm war schon immer zum Burginnern hin offen. Das hat mit mittelalterlicher Strategie zu tun. Die Burgherren dachten nämlich weiter. Sollte es wirklich einem Feind gelingen in die Burg zu kommen, wäre der Torturm ideal, um von dort den Palas anzugreifen.

Sofern man sich vor den Pfeilschüssen der Verteidiger schützen konnte. Ohne Deckung war das aber auf dem Torturm nicht drin. Also ließ man gleich die Rückseite offen. Sparsamkeit oder Taktik? Wohl eher Letzteres.

Gegenüber den übrigen Burgen, von Auerbach über Jossa und Tannenberg in Seeheim-Jugenheim, weist der Frankenstein eine Besonderheit auf: Die Burg hatte keinen Bergfried. Der war bei dieser Anlage auch nicht nötig. Der Wohnturm ersetzte den Turm als Aussichtsplattform und letzte Rückzugsmöglichkeit vollständig.

Die gesamten Wohngebäude waren eine Verteidigungslinie; dreigeschossig und streng hierarchisch geteilt. Im Erdgeschoss hielten sich im Dürnitz die Wachen und das Gesinde auf. Im „Sal", eine Etage höher, lebten die Herrschaften. Von dort aus konnte man auch Pech und Schwefel auf Angreifer kippen. Ganz oben war der eiserne Vorrat an Waffen für den Notfall untergebracht.

Der Wohnturm, wie er jetzt aussieht, ist aus denkmalpflegerischer Sicht eine Katastrophe. Denn so wie Tor- und Wohnturm sich jetzt präsentieren, haben sie zur Ritterzeit nie ausgesehen. Aber irgendein Romantiker hat den beiden Türmen der Burg 1893 diese „Verschönerung" verpasst. Und sie zusätzlich mit einem weiteren Stockwerk dem Zeitgeschmack angepasst. Deshalb steht dieser Irrtum jetzt unter Denkmalsschutz.

Hans von Frankenstein hat 1528 kein Hehl aus seiner Meinung gemacht. Während überall im Lande die Reformation Einzug hielt, wollte er von seinem katholischen Glauben nicht lassen. Deshalb ließ er in der Burgmauer eine Platte ein. Offenes Bekenntnis: „Anno Domini 1528 - zu got set men tru". Jetzt ist dieses Treuebekenntnis zum alten Glauben an der südöstlichen Mauerkante des Wohnturms zu finden.

Der Religionsstreit zwischen den Darmstädter Landgrafen und den Grafen von und zu Frankenstein stand mehrfach kurz vor militärischen Scharmützeln. Doch die Darmstädter hielten sich zurück: Hatten die Frankensteiner doch mächtige Verbündete. In der freien Reichsstadt Frankfurt zum Beispiel.

Ausgesprochen unwirsch duldete man am Darmstädter Hofe den „Pfahl im Fleische" in Form einer „katholischen Insel an der Bergstraße". Im ansonsten per Verordnung des Fürsten evangelischen Hessen-Darmstadt. Im Gegensatz zum begüterten Frankensteiner Geschlecht war man in Darmstadt nämlich arm aber modern, auch was religiöse Fragen anging.

Die Platte war übrigens ein Jahr nach größeren Umbauten am Wohnturm eingelassen worden. Der Frankenstein erlebte damals die letzte größere Bauepoche. Ab da ging es bergab. Auch, weil sich mit dem Ende des 15. Jahrhunderts eine neue Epoche ansagte. In der Ritter nicht mehr so viel zu sagen hatten. Ihre Kriegskunst, ebenso wie die Minne, wurde zum Allgemeingut. Womit sie ihren Reiz verloren. Raue Landsknechtshorden, käufliche Schläger, ersetzten die Ritterheere. Die hehre Minne wurde zur freien Liebe...

Der letzte größere Neubau auf dem Frankenstein ist der Pulverturm am südlichen Teil der Burganlage gewesen. Er trug der Erfindung des Schießpulvers Rechnung. Denn dieses explosive Zeug mochten die Ritter nicht über ihren Köpfen im Wohnturm haben. Deshalb hatte der Bau nur einen engen Zugang zum Untergeschoss. Nur erreichbar von der Burg aus. Und – das beweisen die Kragsteine[14] – im ersten Stock mit Bohlen abgedeckt.

Einer anderen Lesart nach wurde der Turm als vorgeschobene Verteidigungslinie nach Süden hin errichtet. Die in Bodennähe angebrachten Schießscharten dienten als Stütze und Feuerleitlinie für die Musketenschützen. Denen sollte damit das Zielen erleichtert werden. Sie aber auch während des langwierigen Ladens ihrer Waffe schützen.

Von diesem Turm muss im Zusammenhang mit dem Alchemisten Johann Konrad Dippel von Frankenstein die Rede sein. Eine der schillerndsten Persönlichkeiten, die je auf dieser Burg gelebt haben. Er war Theologe, Arzt und Alchemist. Dem heutige Geschlechter Bedeutendes verdanken...

Nur so viel sei hier gesagt: Der Alchemist, Arzt und Theologe kam am 10. August 1673 auf dem Frankenstein zur Welt. Hierhin kam er immer dann zurück, wenn er anderenorts in Schwierigkeiten geraten war. Was nicht gerade selten vorkam. Denn Johann Konrad Dippel von Frankenstein nahm Zeit seines Lebens keinem seiner adeligen Brotgeber gegenüber ein Blatt vor den Mund.

Selbst im toleranten Hessen hatte man Schwierigkeiten mit ihm. Der abergläubischen Bevölkerung galt er als Hexenmeister. Noch heute soll sein Geist umgehen. Wie nicht nur ein international renommierter amerikanischer „Geisterjäger" behauptet, spukt der Geist des Alchemisten auf dem Kirchhof von Nieder-Beerbach, wo er die Ruhe der Toten stört. Auf der Burg soll er zwischen Kapelle und Pulverturm sein Unwesen treiben. Nicht nur an Halloween.

📖

Die Burgkapelle

Im Vorhof der Burg ist die Burgkapelle das am besten erhaltene Gebäude. Die ganze Westwand nimmt das Grabmal Philipp Ludwigs ein. Er kam im jugendlichen Alter von 20 Jahren 1602 auf einer Fahrt nach Seeheim bei einem Verkehrsunfall ums Leben.

Seine Eltern ließen ihrem geliebten Sohn in der Kirche zu Nieder-Beerbach, dem Begräbnisort der jüngeren Familienlinie, dieses Grabmal aus weißem Alabaster errichten. Später wurde jenes Kunstwerk von einem Frevler mit grüner Farbe überpinselt und damit verunstaltet. Zuvor wurden die Vergoldung der Wappen und des Alabasters (ein dem Marmor ähnliches, aber weicheres Gestein) vollständig entfernt oder unkenntlich ge-

Relief „Taufe Jesu" mit Darstellung Gottes an der Westseite der Kapelle

macht. Nur einige Nebenverzierungen und kannelierte Säulen sind noch da. Trotz abgebrochener Kapitelle und Figuren steht der künstlerische Wert des Grabmals außer Frage. Gut sind noch zu erkennen: die Taufe Jesu und im Hintergrund Jerusalem mit dem Tempel und den Türmen der Stadtmauer.

Eine Besonderheit weist das Relief auf: Der unbekannte Künstler hat sich über ein mit der Todesstrafe bedrohtes kirchliches Verdikt seiner Zeit hinweg gesetzt. In der linken oberen Ecke schaut Gott in Person auf das Geschehen um seinen Sohn. Er deutet sogar mit Zeige- und Mittelfinger darauf. Laut Bibel, 2. Buch Moses, ist es verboten, Gott in Person darzustellen. Dessen Deuten mit dem Mittel-

71

finger ist ein Hinweis auf eine Steinmetzschule, die von einem Schüler Michelangelos im niederländischen Leiden gegründet wurde. Die Künstler dieser Schule haben überall, wo sie tätig waren, ein unverwechselbares Markenzeichen hinterlassen: Immer hat die Hauptfigur – meist der die Künstler bezahlende Stifter – mit Zeige- und Mittelfinger auf das ihm wichtigste Geschehen gedeutet.

Die beiden anderen Grabmale standen bis 1851 in der Eberstädter Pfarrkirche, dem Begräbnisplatz des älteren Stammes der Frankensteiner, und der von Nieder-Beerbach, wo die jüngere Linie ihre letzte Ruhe fand. Das Grabmal in der Nordwand der Kapelle ist dem Ritter Hans von Frankenstein (gest. 1556) und seiner Gemahlin Irmela von Cleen (gest. 1553)[15] gewidmet. An den die Nischen begrenzenden Säulen sind die Frankensteinischen und Cleen'schen Wappen angebracht.

Das Cleen'sche Wappen ist ein goldenes Feld, in dem drei, mit den Spitzen in der Mitte des Schildes zusammentreffende, rote Kleeblätter zu sehen sind. Die beiden oberen sind schräg gestellt, das untere gestürzt.

Lange wurden diese Symbole als stilisierte Herzen missdeutet. Erst neuere Forschungen der Heraldik (Wappenkunde) haben den eindeutigen Bezug zum Familiennamen der Ehefrau Hans' von Frankenstein, Irmela von Cleen, ergeben.

Sie hatte 1520 eine bedeutende Erbschaft gemacht: Ihr Bruder hinterließ ihr die Liegenschaften der ehemaligen Reichs-Erbschultheißen von Frankfurt am Main. Dieser Besitz der Herren von Sachsenhausen erstreckte sich über die halbe Wetterau. Daher hat der „Frankensteiner Hof" in Sachsenhausen noch heute seinen Namen. Da die Cleen'sche Familie mit Irmela von Cleen ausstarb, übernahm die ältere Linie der Frankensteiner ihr Wappen. Ebenso wie ihr beträchtliches Vermögen.

Die Südwand der Kapelle beherrscht das Grabmal Ludwigs von Frankenstein (gest. 1606) und seiner Gemahlin Katharina von Rodenstein, der Eltern von Philipp Ludwig. Sie starben 1604 innerhalb einer Woche kurz nacheinander. Nachdem sie das Grabmal für ihren einzigen Sohn Philipp Ludwig hatten errichten lassen. Über den beiden Nischen, in denen eine Frauengestalt und ein Ritter knien, die Hände zum Gebet gefaltet, liegen zwei Engel, mit den Köpfen gegeneinander.

Sie halten die Totenwache. Der Engel zur Rechten wird vom Tod begleitet. Der als wehrhafter Knochenmann mit Pfeil und Bogen auf ihn zukommt. An den Seitenpfeilern sind die Ahnenwappen angebracht: Frankenstein - Flörsheim - Cleen und Rodenstein-Boineburg - Bayer von Boppard.

Interessant an diesen beiden Grabmalen: beide Frauengestalten halten Bücher in den Händen. Damit wurde über ihren Tod hinaus nachgewiesen, dass sie des Lesens und Schreibens mächtig waren.

📖

Geschichte bis 1604

Die Geschichte der Burg Frankenstein fängt an, als die Menschen begannen, ihre ersten Hütten auf den Hügeln zu errichten und zu unbekannten Göttern beteten. Die unhaltbare Datierung der ersten urkundlichen Erwähnung, 1252, wurde von dem evangelischen Pfarrer Wolfgang Weißgerber aus Darmstadt-Eberstadt in seinem fantasievollen Bändchen über die Frankensteiner und ihre Frauen eingeführt. Obwohl er ältere Zeitangaben kannte, legte er sich auf diesen Termin fest; warum auch immer. Das führte immerhin zu den Feiern zum 750-jährigen Bestehen der Burg Frankenstein.

Die ersten urkundlichen Erwähnungen datieren die Burg Frankenstein ins Jahr 948. Diese Schriften hat bereits Otto Roquette in einem Briefwechsel mit seinem Schulfreund, dem Dichter Hermann Weber, erwähnt. Roquette, der 1869 Professor am Darmstädter Polytechnikum (der heutigen Technischen Universität) wurde, nennt dabei diese Arbeit als „ergänzende Quelle" zu einer 1862 von Hermann Weber herausgegebenen Broschüre über den Frankenstein. „Weil nämlich das Alter des Frankensteins höher muss angenommen werden als bisher."

Hinweise darauf gibt es in mehreren weiteren Quellen. Nicht nur aus Rixners Turnierbuch, auf das noch eingegangen wird. Es ist davon auszugehen, dass sich einige unter den Unterlagen des großherzoglichen Archivs in Darmstadt befanden, die in der Brandnacht des 11. September 1944 im Darmstädter Schloss ein Raub der Flammen wurden. Hinweise auf das Datum 948 in Zusammenhang mit Arbogast von Frankenstein tauchen auch in den wenigen alten Urkunden über die Besitztümer des Klosters Lorsch auf, die nicht verbrannt sind. Sie werden in Würzburg aufbewahrt.

Unbestritten ist der „Loscher Codex", auf den sich die Datierungen vieler Gemeinden gründen, kein Original. Vielmehr verbrannte das Original und wurde erst nach sehr langer Zeit von den Prämonstratensern[16] wieder aufgezeichnet. Sie hatten ein unabweisliches Interesse daran, auch vor „Ergänzungen" dieser Dokumente nicht zurückzuscheuen. Um sich möglichst reich und im Besitz großer Liegenschaften oder ganzer Gemeinden darzustellen.

Der Lorscher Codex (lateinisch Codex Laureshamensis) ist ein vermutlich zwischen den Jahren 1170 und 1195 in der Reichsabtei Lorsch angelegtes Manuskript. Es umfasste eine detailgenaue Klostergeschichte, ein Kopialbuch von über 3800 Urkunden sowie einige Urbare[17]. Der besondere Wert vor allem des Kopialbuches liegt darin, dass die darin enthaltenen Abschriften die einzige erhaltene Überlieferung der vollständig verloren gegangenen Originalurkunden darstellen, die sich einst im Archiv der bedeutenden Reichsabtei befunden hatten.

Aktuell wird der Codex im Staatsarchiv Würzburg (Bayerisches Staatsarchiv mit dem Regierungsbezirk Unterfranken als Zuständigkeitsbereich) aufbewahrt.

Der Codex wurde erstellt, um die Rechte und Besitztümer des Klosters Lorsch zu dokumentieren und damit der Abtei langfristig zu sichern. Der Codex wurde im 12. Jahrhundert, als die Lorscher Macht bereits zurückging, zusammengestellt. Er besteht aus 3836 urkundlichen Eintragungen (Traditionsnotizen) eines Rechtsvorgangs (zum Beispiel Kauf, Schenkung) mit den dazugehörigen zitierten Urkunden (von Königen, Päpsten und anderen). Diese Urkunden wurden stark verkürzt wiedergegeben. Die ältesten Rechtsgeschäfte sind ab dem Jahr 764 beschrieben und registriert. Weiterhin enthält der Codex zwei Gönnerverzeichnisse und eine Äbtechronik. Diese Äbtechronik dient vor allem als Quelle für die Baugeschichte und die Entwicklung des Kirchenschatzes. Lediglich der Initialbuchstabe der ersten Seite ist illuminiert. Der Text des Codex ist in karolingischer Minuskel geschrieben.

Da der Lorscher Codex die Ersterwähnung vieler Gemeinden enthält – über 1000 Orte werden in ihm genannt – wird er von einigen heimatgeschichtlich Interessierten anachronistisch als Grundbuch bezeichnet. Der Lorscher Codex ist die älteste geschriebene und anerkannte Geschichtsquelle für Hunderte von Orten.

Im Codex Lauseshamensis verzeichneten die Mönche des Lorscher Klosters neben Kauf- und Tauschverträgen die dem Kloster gemachten Schenkungen von Dörfern, Gehöften, Ländereien und allerlei sonstigen schätzenswerten Dingen nach den ihnen vorliegenden Originalurkunden. In diesem Buch werden zuerst die Schenkungen von Kaisern und Fürsten genannt und dann die aus dem Volke, letztere geordnet nach Gauen, dem Wormsgau (wo das Kloster etwa 1180 Güter besaß), dem Speyergau, Lobdengau, Rheingau, Maingau, Neckargau, Kraichgau und weiteren. Die unter Kurfürst Karl Theodor in Mannheim gegründete Kurpfälzische Akademie der Wissenschaften gab in den Jahren 1768–1770 das Werk erstmals im Druck heraus.

In jüngster Zeit (2015) tauchten zwischen den bekannten alten Urkunden Hinweise auf ein noch höheres Alter der Burg Frankenstein auf. Ein Freund des Bensheimer Gymnasialprofessors und Historikers Karl Henkelmann hatte diesem Urkunden vorgewiesen, nach denen ein Autfrid von Frankenstein und seine Gattin Rodbirn im Jahre 779 Güter der Frau in Erifelden dem Kloster Lorsch zur „ewigen Nutzung" schenkten.

In den in der Sekundärliteratur nachweisbaren Quellen über das Alter der Burg Frankenstein werden mehrere Verträge des Klosters Lorsch zitiert. Der erste ist 948 datiert. Darin verpflichtet sich Arbogast von Frankenstein, „den Wagenzügen uff der Bergstrass Schutz und Schild zu sein durch Frankensteinisch Gebiet nicht allein, sondern der Momling zu. Woselbst die zu Breuberg diesen Dienst übernehmen ..."

Arbogast von Frankenstein wird auch von dem Darmstadt-Eberstädter Pfarrer Wolfgang Weißgerber in seinem Buch „Die Herren von Frankenstein und ihre Frauen" als einer der Herren der Burg mit der Jahresangabe 948 genannt, ohne dass er auf diese Spur näher eingeht. Und ohne dass er erklärt, wieso diese urkundliche Erwähnung von ihm nicht für die Altersfestlegung der Burg herangezogen wurde. Volpert von Frankenstein (968) wird von ihm sogar völlig ignoriert.

Arbogast von Frankenstein taucht 948 ein weiteres Mal in einer anderen Quelle aus dem Dunkel der Geschichte auf. Bei einem Turnier an Pfingsten zu Köln gewinnt er dieses. Er sei von „kühnem Mut und groß' Geschick" gewesen, wird ihm in einem zeitgenössischen Bericht bescheinigt. Und er habe einen langen Ritt rheinab auf sich genommen, um an dem Turnier teilnehmen zu können. Gastgeber des Turniers war der Erzbischof von Köln.

Dieser Veranstalter des Turniers, Bruno von Köln, war laut dieser Quelle vor seiner Berufung nach dort Abt in Lorsch. Er könnte er sich intensiv um ein Abkommen zwischen den Frankensteinern und dem Kloster Lorsch bemüht haben. Hierfür spricht hiernach auch, dass Bruno 948 als geistlicher Herr in Köln (in Zusammenhang mit dem Turnier, an dem Arbogast teilnahm) genannt und nur fünf Jahre später selbst Erzbischof zu Köln wird. In der Chronologie der Äbte des Klosters Lorsch taucht er nicht auf. Das macht diese Quelle nicht eben glaubwürdiger.

Das in 948 in Köln ein Pfingstturnier ausgerichtet wurde, ist inzwischen mindestens umstritten. Historiker sprechen stattdessen von einem der ersten Reichsturniere mit diesem Datum in Konstanz als Austragungsort.

Warum sich allerdings adlige Herren hohen Ranges nachweislich 948 in Köln aufhielten und von Verträgen zwischen den Mönchen des Klosters Lorsch, verschiedenen anderen Herren und auch Arbogast von Frankenstein die Rede ist, bleibt noch kaum erforscht. Dokumente und/oder Fragmente hierüber werden gesichtet.

Inzwischen ist man sicher, dass Bruno ein Bruder Kaiser Ottos I. war, der an diesem fast konspirativen Treffen ebenfalls teilgenommen hat. Er nutzte diese Zusammenkunft, um mit Hilfe seines Bruders Bruno das Reich und den Einfluss der wichtigen Funktionsträger seiner Herrschaft neu zu ordnen. Möglich, dass Bruno an diesen Plänen in Lorsch gearbeitet hat und sich dabei auch der Mithilfe von adligen Herren aus der Umgebung bediente, sofern er ihnen traute.

Dass Arbogast von Frankenstein hierbei eine führende Rolle gespielt haben könnte, weist auf den hohen Rang hin, den diese adligen Herren einnahmen. Sie und ihr Sitz wurden damit der Kaiserpfalz in Ingelheim gleichgestellt, von der ebenfalls Abgesandte in Köln teilnahmen.

Wissen muss man in diesem Zusammenhang, dass Kaiser Otto I. in dieser Zeit versuchte das von ihm regierte deutsche Reich, das Frankenreich wie es Karl der Große regierte gab es schon lange nicht mehr, neu zu ordnen. Grafen, denen er vertraute, wurden als höfische und Reichsbeamte eingesetzt, um kaiserliches Recht zu wahren oder gar mit Gewalt durchzusetzen. In der Zeit bildeten noch die Freien den größten Teil des Volkes. Aus ihnen entwickelten sich langsam die adligen Stände.

Während der Regentschaft Brunos von Köln wird, das 313/314 zum Bischofssitz ernannte und 785 zum Erzbistum erhobene, Köln in seinem Einfluss gestärkt. Vermutlich hatte die Verbindung zwischen den Lorscher Mönchen und den Frankensteinern hieran einen nicht unwesentlichen Anteil. Bruno (953 bis 965 Erzbischof) war ja der Bruder Ottos des Großen, der 962 in Rom zum Kaiser des Heiligen Römischen Reiches gekrönt wurde. Was nicht allen führenden Köpfen des deutschen Adels recht war.

Vor seiner Zeit in Köln lebte Bruno im Kloster Lorsch. Er taucht allerdings nicht in der Liste der Äbte des Klosters aus jener Zeit auf. Weshalb Historiker heute davon ausgehen, dass er als Berater seines Bruders hier lebte. Vielleicht nahm er, wie das heute genannt wird, eine „Auszeit" von den politischen Rankünen des Reiches und bereitete sich auf ein höheres geistliches Amt vor. Was sein Lebenslauf nahelegt. Viel wahrscheinlicher erscheint, dass er die Neuordnung des Reiches durch seinen Bruder Otto I. vorbereitete.

Den Vertrag des Arbogast mit den Mönchen von Lorsch bekräftigt ein Volpert von Frankenstein 968. In diesem Kontrakt ist auch erwähnt, dass der „neue Herr auf Frankenstein den Reisenden Speis und Trank reichen und ein Nachtlager bieten soll, sofern sie seiner bedürfen."

Gesichert wurde von der Burg Frankenstein, so Karl Neuhaus 1930 über die Verkehrs- und Siedlungsgeografie der Bergstraße, ein alter Handelsweg zwischen den Einflussbereichen der Fuldaer Bischöfe und dem Kloster Lorsch. Und zwar verlief der Weg etwa entlang der Bergstraße von Heidelberg bis Seeheim. Dort ging es, wegen der sumpfigen Niederungen, auf die Höhe (an den Magnetsteinen vorbei) und etwa dem Herrnweg folgend vom Frankenstein runter in den Odenwald und in Richtung Höchst und Breuberg. Sinn dieses Teils der Strata Montana war es in jener Zeit, im Sommer wie im Winter eine Passage in den Odenwald zu behalten. Denn sowohl der Main wie der Rhein und Neckar froren zwar damals winters zu, doch war dies die einzige Zeit, in der man dies Gebiet durchqueren konnte.

Dieser Teil der „Strata Montana" konnte nicht am Fuße der Berge entlang geführt werden, was schon die Römer beim Bau ihrer Heerstraße gemerkt hatten: Die vagabundierende Flussläufe von Rhein und Neckar, die hier eingezwängt zwischen dem Odenwald und dem heute als „rhein-hessische Rheinfront" bekannten und vom Donnersberg in der Ferne begrenzten Hügelland mäanderten, bildeten eine undurchdringliche Sumpf- und Moränenlandschaft. Nur wenige Sanddünen boten sich als wenig attraktive Siedlungsplätze an.

Der zweite Zweig der „Strata Montana" ging über Eberstadt nach Frankfurt (Sachsenhausen und Höchst). Von Sachsenhausen ging es über die „Franken-Furt" in die Wetterau, von Höchst aus rechtsrheinisch nach Köln und in den Bereich des Niederrheins, die Heimat Siegfrieds aus dem Nibelungenlied.

Warum bis 1252 die Urkunden über den Frankenstein keine Auskünfte mehr geben, kann nur vermutet werden. Wahrscheinlich ist, dass weder Kloster Lorsch noch die Frankensteiner es für nötig hielten, die alten Verträge zu erneuern, weil alles gut lief. Dass Reiz zu Breuberg Herr auf dem Frankenstein war, ist undenkbar, wenn man die Gepflogenheiten des Adels im 13. Jahrhundert bedenkt.

Damals mussten edle Herren nach dem neu eingeführten Landrecht nachweisen, dass ihre Familien bereits seit mindestens drei Generationen im Besitz der von ihnen beanspruchten Liegenschaften waren. Was, dem neuen Recht folgend, nur auf dem Sitz eines ‚neutralen' Adligen stattfinden konnte. Der ebenso wie die Zeugen der Beurkundung diesen Nachweis bereits geführt hatte. Weshalb die Besiegelungen des Besitzes, wie sie Reiz zu Breuberg und Elisabeth von Weiterstadt verfassten, auf diesem neutralen Boden geschlossen wurden.

Es ist in diesem Zusammenhang zu bedenken, dass sowohl Breuberger wie Weiterstädter Rittergeschlecht etwa zur gleichen Zeit aus dem Dunkel der Geschichte getreten sind. Es liegt deshalb nahe, dass beide, die nach den Frankensteinern gekommen sein dürften, miteinander verwandt oder mindestens verschwägert waren. Nahe liegt außerdem, dass sie versucht haben dürften, in das bereits an exponierter Stelle an der Bergstraße sesshafte Geschlecht der Frankensteiner einzuheiraten.

Üblich war damals auch, das Wappen oder sogar den Namen eines untergehenden verwandten Geschlechts zu übernehmen. Um der Nachwelt sowohl den eigenen Namen als auch den des anderen Geschlechtes zu erhalten, war dies gängige Praxis.

📖

Streit der Historiker

Das 1853 von H. E. Scriba verfasste Buch „Geschichte der Burg und ehemaligen Herrschaft Frankenstein" sollte man als historische Quelle nur im Original verwenden. Es enthält zwar einige wenige „Irrtümer", doch sind diese durch neuere Unterlagen leicht zu überprüfen. Im Großen und Ganzen jedoch geht Scriba mit den ihm zugänglichen Quellen sehr behutsam um und korrigiert Fehler seiner Vorgänger, weist auch auf eigene Unsicherheiten hin. Leider wird er da, wo er konkurrierende Meinungen gegeneinander stellt, heute häufig nur einseitig und dazu noch falsch zitiert. Je nachdem, wie der Zitierende die Geschichte interpretiert.

Über Fehler Scribas, wirkliche oder vermeintliche, die offenkundig waren, hat sich Hermann Weber 1862 bereits aufgeregt. Er gab deshalb eine eigene Broschüre zum Frankenstein heraus. Allerdings hat auch Weber nicht alle Punkte zweifelsfrei aufgeklärt. Es bleibt also fast eine „Glaubensfrage", welcher Quelle man zuneigt. Doch am Ende bleiben einige historische Fakten, die auch aus anderen Quellen belegbar sind und die ein ziemlich klares Bild zeichnen.

H. E. Scriba entstammt einer der am längsten nachgewiesenen Pfarrherren-Dynastien im Raum Odenwald-Bergstraße. Sie latinisierten ihren Namen „Schreiber" in „Scriba". Schon seine Väter waren wortgewaltige Männer, die als Pfarrer einen großen Ruf hatten – wie er auch. Und nicht nur ihrer Predigten wegen, sondern auch, weil sie nicht davor zurückscheuten, für ihre Überzeugung zu kämpfen, wenn es ihnen denn angebracht erschien.

Scriba stand für die meisten seiner Zeitgenossen über jedem Zweifel, was seine Integrität und die kritische Auseinandersetzung mit den historischen Quellen anging. Sein Buch mit dem komplizierten Titel:

Geschichte der ehemaligen Burg und Herrschaft Frankenstein und ihrer Herrn bearbeitet von Dr. Heinrich Eduard Scriba, ev. Pfarrer zu Niederbeerbach, Frankenhausen, Malchen und Frankenstein, ordentlichem Mitgliede des histor. Vereins für das Grossherzogthum Hessen und des liter. Vereins zu Darmstadt, Ehren- und correspondirendem Mitgliede der historischen Vereine zu Cassel, Dresden und Würzburg und des geograph. Vereins zu Darmstadt, mit zwei Stammtafeln, Darmstadt, 1853, Verlag der Hofbuchhandlung von G. Jonghaus.

Es enthält, so das Vorwort, „die Geschichte dieses kleinen Abschnittes unserer Erde so manches Besondere und Eigentümliche, dass auch der Freund derselben gerne bei ihr verweilt. Wenck und Dahl, diese beiden um Hessens Geschichte so hochverdienten Männer, haben deshalb auch bereits, und zwar Erster in seiner Hess. Landgeschichte, sowie Letzterer in seiner 1819 mit dem Maler Primavesi gemeinschaftlich herausgegebenen Schrift: ‚Die Burg Frankenstein in 12 Abbildungen dargestellt' derselben besondere Berücksichtigung geschenkt.

Da indessen diesen beiden Männern zu der Zeit der Abfassung ihrer Schriften noch gar manche Quelle verschlossen war, welche die Neuzeit öffnete, auch wohl gar manches, da es außer dem Plane ihrer Darstellung lag, mit Absicht unberücksichtigt ließen, das aber demohngeachtet für den Freund der Geschichte nicht ohne Interesse und selbst zur Charakteristik der älteren Zeiten und der Verhältnisse jener Gegend erforderlich ist, so möchte nachfolgende neue Darstellung der geschichtlichen Verhältnisse jener Herrschaft und deren (jedoch veränderter) Wiederabdruck aus dem Archive für Hessische Geschichte und Altertumskunde (Bd. VII, Heft 1 und 3) als gerechtfertigt erscheinen, zumal da man hiermit dem Wunsche vieler Freunde jener Örtlichkeit zu entsprechen glaubt."

Dr. H. E. Scriba

Scriba, als erstklassige Quelle für die Geschichte des Frankensteins zu betrachten, lässt die erste Urkunde, die auf der Burg unterzeichnet wurde, nicht außer Acht. Er spricht davon, dass „Cunrad Reis v. Bruberg in super castro Frankenstein" eine Verleihungsurkunde über Güter zu Weiterstadt ausstellte. Dies war am 2. Juni 1252. Als „dasige" (dort lebende) Burgmannen dieses Herren werden Dominus C. Wambold, Sifridus de Greisheim, Hen de Rengershusen, Hartlebus de Cymbere, Emgo de Glatbach etc. dargestellt.

Die „Verleihung" dieser Güter erfolgte vermutlich als „Geschenk" für die Ausstellung der wichtigen Urkunde, mit der man seine Nobilität beweisen wollte. Diese Urkunde legt auch die Vermutung nahe, dass die Breuberger und die Weiterstädte entweder verwandt oder mindestens verschwägert waren.

Dies geht ebenso aus den Unterlagen nach Baur (Hessisches Urkundsbuch 1, 24.; Steiner, Bachgau 1, 337) hervor, wie eine Schenkung der Witwe des Konrad, Reiz zu Breuberg, an die Commende Mosbach. Darin schenkt „Wittwe Elisabeth auf derselben (d. apud Frankenstein, invent. Crucis 1264) der Commende Mosbach Güter und deren Nutzung".

Scriba schließt aus diesen Urkunden, dass Baur der Überzeugung war, die Burg Frankenstein könne damals mit breubergischem Besitz verwandtschaftlich verbunden gewesen sein. Er verweist aber sofort auf Widersprüche, die sich aus und in dieser Urkunde ergeben. Er nennt sie eine der Quellen, die sich mit dem Bestehen der Burg Frankenstein beschäftigen, nicht aber die einzige oder gar einzig authentische.

Erst die Schwester Konrads von Breuberg, Elisabeth, sei nach dieser Quelle mit einem Johann II. von Frankenstein verheiratet gewesen. 1290, so zitiert Scriba diese Quelle, befinde sich ihr nach ein Frankensteiner im nach dem neuen Landrecht urkundlich besicherten Besitz der Burg. In jenem Jahr öffnete am 23. Juli Friedrich von

Frankenstein III., ebenfalls nach dieser Quelle, den Grafen Wilhelm und Diether von Catzenellenbogen die „neu erworbene Burg, um sich den Besitz um so mehr zu sichern."[18] Dieses Öffnungsrecht wurde mit „zehn Pfd. Heller vergütet" (Wenck l., U. B. 56, Nr. 81).

Scriba verzichtet darauf, diese Quelle zu gewichten. Anderenorts verweist er darauf, dass Wenck sich in einigen anderen wichtigen Punkten ebenso geirrt habe wie in diesem. Denn wenn der das Öffnungsrecht besiegelnde Friedrich schon der dritte Frankensteiner dieses Namens sei, müsse er ja Vorgänger gleichen Namens gehabt haben. Außerdem verträgt sich dieses „Öffnungsrecht" nur schwer mit der Tatsache, dass die Herren von Frankenstein reichsunmittelbar waren. Also nur dem Kaiser unterstanden und nur dem Reich zu dienen hatten. Zu denken gibt auch, dass die Herren von Catzenellenbogen für dieses Öffnungsrecht an die Frankensteiner zahlten.

Spätere Quellen haben sich weitgehend auf die Datierungen Wencks, zitiert bei Scriba, festgelegt. Sie übersehen, dass Scriba selbst hier einige von mehreren, nicht übereinstimmenden, Quellen gegenübergestellt hat und einseitig zitiert wird.

Weißgerber, der für sich in Anspruch nahm, die authentische Geschichte der Burg Frankenstein und ihrer Bewohner nach 1252 darzustellen, überlässt es der Fantasie des Lesers, sich vorzustellen, wer die Burg erbaut haben könnte und wer ihre ersten Bewohner waren. Er bezieht sich bei seiner Datierung auf von Wenck zitierte Urkundsrollen, die Wenck nur vom Hörensagen kennt und nie selbst gesehen hat.

Doch selbst Wenck weist auf den Widerspruch hin, dass erst Johann II. von Frankenstein in den Besitz der Burg gekommen sein sollte, die damals schon den Namen seiner Familie trug. Prof. Pleticha (Würzburg) sieht den Frankenstein als eine burgundische Gründung rechts des Rheines für möglich an.

Beurkundete Lebensdaten der frühen Frankensteiner finden sich nicht nur in Rixners Turnierbuch, zitiert von Humbracht und Biedermann. In ihrer „Genealogie der Frankensteiner" führen diese beiden Autoren aus weiteren Quellen folgende Datierungen an:

- 948 Arbogast von Frankenstein; schließt mit den Äbten von Lorsch und Fulda den Vertrag, die Handelszüge zwischen Lorsch und Fulda nicht zu berauben, sondern zu beschützen und erhält dafür das Recht, „den Reisigen Speis' und Trank zu reichen, nicht jedoch ein Lager zur Nacht zu bereiten".

- 968 Volpert von Frankenstein erneuert den Vertrag mit kleinen Änderungen.

- 1080 Gottfried von Frankenstein

- 1193 Hellenger I. von Frankenstein unter-schreibt als Zeuge eine Urkunde, nach der Abt Heinrich von Fulda in Weissenburg vorm Stein Güter kauft.

- 1195 Hellenger I. von Frankenstein verkauft einen Hof in Mutterstadt an das Kloster in Prüm.

- 1237 Berthold von Frankenstein, Vater von Albrecht von Frankenstein, der 1257 sein „Frankensteinisch Besitz", das Gut zu Tordingen, an das Kloster St. Alba verkauft und in den Elsass zieht. Er stirbt als General des Reiches, nachdem er zuvor in kur-mainzischen Militärdiensten gestanden hat.

Mit diesen Datierungen widerlegt schon Scriba 1853 die spätere Behauptung Weißgerbers und seiner Nachfolger, es habe vor 1252 keine Frankensteiner gegeben. Die von Scriba aufgezeigte genealogische Linie ist in sich schlüssig und sie hat zumindest auf die meisten Fragen befriedigende Antworten.

Etliche Veröffentlichungen zum Thema Frankenstein erwähnen diese Quellen nicht einmal. Für sie beginnt, warum auch immer, die Geschichte der Frankensteiner 1252 mit der Urkunde des „Reiz zu

Breuberg". Dabei wird übersehen, dass im 13. Jahrhundert das Sächsische Landrecht überall im „Heiligen Römischen Reich Deutscher Nation" zu greifen begann. Adelige wie Freie mussten ihren Grundbesitz ab sofort mit Urkunden nachweisen.

Die Gesellschaft änderte sich grundlegend und man wollte sich nicht mehr nur auf das gesprochene (und/oder beschworene) Wort allein verlassen. Deshalb musste man vor Zeugen versichern und belegen, dass man „seit Väter Zeiten" – was mindestens drei Generationen bedeutete – im Besitz seiner Güter war. Erst dann wurde dieses Eigentum in Urkunden verzeichnet und galt als „besiegelt und verbrieft".

Deshalb kommt man nicht umhin festzustellen, dass die Urkunde, auf die das Alter des Frankensteins bisher falsch festgelegt worden ist, im Grunde etwas ganz anderes belegt. Nämlich, dass zur Zeit der Unterzeichnung der Urkunde bereits eine Burg Frankenstein existierte, auf der adlige Herren gleichen Namens seit mehreren Generationen lebten. Sie waren Zeugen für die hier beurkundeten Besitzverhältnisse. [19]

Inzwischen fanden sich in den Schriften des Bensheimer Professors Karl Henkelmann Hinweise auf noch ältere Herren von Frankenstein. So hat er Dokumente gefunden, nach denen ein Herr von Frankenstein in der ersten Hälfte des 8. Jahrhunderts Äcker und Wiesen in Erifelden (heute Erfelden) dem Kloster Lorsch zum Geschenk gemacht hat.

Karl Henkelmann (1858 geboren, am 6. November 1928 gestorben) war geachteter Experte auf den Gebieten Heimat- / Volkskunde und Geschichte. Seit 1921 war er Ausschussmitglied des Historischen Vereins für Hessen. Als Gymnasialprofessor lehrte er seit 1881 Latein, Griechisch Französisch und Deutsch. Seine Wirkungsstätten waren Gymnasien in Darmstadt (Ludwig-Georgs-Gymnasium), Mainz, Groß-Umstadt und Alsfeld. In Bens-heim unterrich-

tete er bis zu seiner Pensionierung 1924 fast 25 Jahre am renommier-
ten Alten-Kurfürstlichen-Gymnasium. In seiner Freizeit entstanden
hier seine zahlreichen heimatgeschichtlichen Veröffentlichungen.

📖

Rixners Turnierbuch

In diesem Zusammenhang ist auch das Wirken von Georg Rixner zu sehen, der schon mehrfach zitiert wurde. Er wird inzwischen von zahlreichen Historikern als Chronist eines niedergehenden Zeitalters gesehen. Als Marschall des Reiches oblag ihm nicht nur Turniere zu organisieren, zu denen die führenden Herren – und natürlich auch Damen – des Reiches geladen wurden.

Viel-mehr hatte er diese zu dokumentieren. Außerdem hatte sich Rixner zur Aufgabe gemacht, die ritterlichen Höhepunkte der Vergangenheit zu schildern, sofern er ihrer Daten habhaft werden konnte.

Georg Rixner, zu seiner Zeit auch unter dem Namen „Reichsherold Jerusalem" bekannt, hat so mit Rixners Turnierbuch das umfangreichste und berühmteste Turnierbuch seiner Art geschaffen. Es behandelt 36 Turniere zwischen 938 und 1487, nennt die Städte, wo diese stattgefunden haben, berichtet über die Veranstalter und Turniervögte, bringt die Namenslisten aller Teilnehmer

Rixners Turnierbuch, Titelblatt

und schildert ausführlich den Verlauf der Turniere.

Rixner widmete sein 1530 bei Hieronymus Rodler in Simmern gedrucktes Turnierbuch dem Pfalzgrafen Johann II. von Pfalz-Simmern (genannt Herzog Hans vom Hunsrück), von dem zahlreiche darin abgedruckte Holzschnitte – eindrucksvolle Illustrationen und Wappen – stammen.

Von der Originalausgabe des damals in größerer Auflage gedruckten Buches sind nur noch drei Exemplare bekannt, die für Genealogen und Historiker praktisch unerreichbar sind. Eines dieser Exemplare stammt aus der ehemaligen Bibliothek der Grafen von Greiffenclau-Vollraths. Es wurde von der Stadt Simmern für das dortige Hunsrückmuseum gekauft. Ein, nach diesem Original hergestelltes, Reprint wurde auf 500 Exemplare limitiert. So wurde das seltene und kostbare Werk der genealogisch-heraldischen Kunst, der Wissenschaft und Freunden alter Bücher in begrenztem Maße zugänglich gemacht.

Das Werk Rixners muss wie alle „Geschichtsbücher" jener Zeit mit Vorsicht betrachtet werden. Deshalb ist es hauptsächlich als Anhaltspunkt zu empfehlen. Allerdings finden sich immer wieder in anderen Quellen Hinweise, die Rückschlüsse zulassen und die Angaben Rixners bestätigen oder andere Zusammenhänge herstellen. Das Erscheinungsjahr 1530 untermauert die Vermutung, das Ziel des Buches sei, den (deutschen) Adel möglichst alt und ehrwürdig erscheinen zu lassen.

Schließlich ist das in Deutschland eine Zeit, in der die Adligen von studierten Bürgerlichen aus ihrer traditionellen Rolle als Berater der Fürsten verdrängt werden. Ihr traditionelles mittelalterliches Selbstverständnis geht in die Brüche. Nicht zuletzt, weil ihre angestammte Rolle als Militärelite zunehmend bedeutungslos wird. Dafür ist wesentlich die Veränderung der Kriegsführung durch neue Waffentechnik verantwortlich. Viele Rittergeschlechter verarmen, weil durch Realteilungen der Besitz immer kleiner wird und das Bürgertum nach oben zu streben beginnt.

Oft sind bürgerliche Händler in den Städten deutlich besser betucht als die Ritterschaft. Studierte Bürger nehmen in den Fürstenhäusern Dienste an, werden dort ihrer guten Ausbildung wegen geschätzt. Sie übernehmen Aufgaben, die vorher Adligen vorbehalten waren, verwalten Hoheitsgebiete und wertvollen Landbesitz. In dieser neu heraufdämmernden Zeit fehlten den meisten Rittern hierzu die Fertigkeiten. Denn die wenigsten von ihnen konnten damals lesen oder schreiben, geschweige denn rechnen.

Wie sich der Adel in dieser Zeit verändert, lässt sich eindrucksvoll an der Familie von Berlichingen erkennen. Der berühmte Götz von Berlichingen (der mit der eisernen Hand und dem berühmten Goethezitat) war genau zu dieser Zeit buchstäblich Kriegsunternehmer und Söldnerführer. Sein Enkel Hans von Berlichingen dagegen war schon studierter Jurist und Rat.

Nicht umsonst werden in dieser Zeit die Adelsproben für die Turnierfähigkeit einer Familie immer strenger. Zunächst mussten zwei Generationen adliger Abkunft, später vier und noch später sogar acht nachgewiesen werden. Man wollte sich besonders vom „gemeinen" Bürgertum abgrenzen. Das, in den Städten immer reicher geworden, wollte nun auch an den kostspieligen adlig geprägten Ereignissen aktiv teilnehmen.

Die Herkunft des Turnierbuches ist nach wie vor ungeklärt, heißt es in verschiedenen Quellen. Ein barocker Autor spricht davon, es sei im Auftrag des kaiserlichen Kanzlers Kaspar Schlick schon um 1430 in Magdeburg entstanden. Weil es allerdings keine weiteren Bezugsquellen gibt, ist diese Herkunft umstritten.

Die älteste überlieferte Handschrift ist von 1494 und er schien unter dem Titel „Cronick und verzeichnus von ursprung und anfang der turnir. Als Autor wird nach neueren Forschungen Jorg Rugen angesehen. Er war Unterherold in bayerischen Diensten und verfasste für die adligen Häuser Wappenbücher.

Das deutsch verfasste Turnierbuch Rixners ist als historische Chronologie angelegt. In chronistischer Form wird dargestellt, wie Heinrich I. der Vogler, König von Ostfranken, in der frühen Hälfte

des 10. Jahrhunderts das Turnierwesen etabliert haben soll. Nach seinem Sieg über die Ungarn (933) soll er die Reichsfürsten von Bayern, Schwaben, Franken und Rhein angewiesen haben, ritterliche Wettstreite auszurichten. Was ab 939 erfolgte, nachdem die vier ausgewählten Fürsten eine Turnierordnung erarbeitet hatten.

Trotz vieler – und früher – Bedenken gegen den historischen Wert dieses Turnierbuches, wurde es bis ins 17. Jahrhundert hinein immer wieder als Grundlage für weitere gleichartige Schriften ver-

Rixner ist Reichsherold Jerusalem

wendet. Ludwig von Eyb d. J. verwendete es ebenfalls als Vorlage für sein 1519 erschienenes Turnierbuch. Er übernahm weite Passagen daraus wörtlich. Nachdrucke, in Augsburg und Simmern, fanden im gesamten Reich große Verbreitung. Nicht nur Rixner, sondern auch Hans Sachs griffen auf diese Vorlagen zurück.

Das Pfingstturnier 948 in Köln ist umstritten. Nach anderen Quellen fand das Turnier in Konstanz statt. In Köln dagegen hat es nach unbestrittenen Quellen, 948 auf Einladung von Bischof Bruno ein Treffen hoch angesehener Adliger des Reiches mit Kaiser Otto I. gegeben. Danach wird Arbogast von Frankenstein als wichtiger Teilnehmer genannt. Interessant ist besonders, dass in diesem Zusammenhang immer wieder von Verträgen die Rede ist, über die verhandelt wurde. Welche Rolle dabei die Kaiserpfalz in Ingelheim, außer Aachen und Nimwegen wichtigste im Reich, spielte, ist noch weitgehend unerforscht. Aber es gibt nicht nur diese, sondern auch weitere Quellen, die dieses Jahr als erste Erwähnung eines Herren von Frankenstein mit dem Namen Arbogast belegen. Zahlreiche renommierte Geschichtswissenschaftler bezweifeln sie nicht.

Die Historiker sehen das mit 948 datierte Pfingstturnier in Köln kritisch. Sie weisen auf das im gleichen Jahr veranstaltetes Turnier in Konstanz hin. Weshalb sie es für unwahrscheinlich halten, dass in einem Jahr gleich zwei große Turniere veranstaltet worden sein können. Allerdings gibt es auch die Behauptung, die ersten 14 von Rixner in seinem „ThurnierBuch. Von Anfang, Vrsachen, vrsprung, vnd herkommen der Thurnier im heyligen Römischen Reich Teutscher Nation" seien „frei erfunden".

Die häufigen zeitgenössischen Erwähnungen dieses Turnierbuches machen jedoch deutlich, dass sie es für eine Art frühneuzeitliche Genealogie des Adels ansahen. Gleichzeitig wurden seine Angaben schon früh immer wieder in Zweifel gezogen.

Froben Christoph von Zimmern nennt Rixner in der „Zimmerischen Chronik" abfällig einen Persevant, nicht einmal einen vollwertigen Herold. Dies obwohl er, wie die häufigen Zitate aus Rixners Werk in seiner eigenen Chronik zeigen, das Turnierbuch intensiv genutzt haben muss. Will sagen: fleißig daraus abgeschrieben hat:

Cyriacus Spangenberg urteilt über Rixners Genealogie der Grafen von Henneberg abschätzig: „Georg Rixner, genannt Jerusalem, Reichsherold, hat den Fürsten zu Henneberg sonderlich hofiren wollen, und deren Ankunft aus Italien und Rom von den Colmnesern hergezogen, und ihren Stamm-Baum mit dem 311. Jahre nach Christi Geburt angefangen. Hie siehe nun, gutwilliger Leser, von Wunderswegen, welch gantz ungeschicktes Ding in diesem Gedichte vorgebracht wird."

Martin Crusius urteilt über die falsche Datierung des 26. Turniers: „... obwohlen es Ryxner in das Jahr 1436 zurück setzt, deme man aber, weil er offt die Unwahrheit sagt, nicht überall trauen darff."

Über die Lebensumstände Rixners ist wenig bekannt. Die sich an den Pfalzgrafen Johann II. von Simmern (1492–1557) wendende Widmung seines Turnierbuchs lässt vermuten, dass Rixner mit diesem in einer näheren Beziehung stand. In dieser Widmung nennt sich Rixner selbst „Eraldo und Khündiger der Wappen".

Im Germanischen Nationalmuseum findet sich eine Urkunde, in der nennt er sich „Georg Rixner, genannt Jerusalem, Herold". Es wird deshalb angenommen, dass er mit dem auf zwei Holzschnitten von Hans Burgkmaier des Älteren 1504 und 1507 abgebildeten Reichsherold Maximilians I. identisch ist. Im Auftrag der Stadt Nürnberg war er 1519 als Berichterstatter bei der Königswahl Karls V. In weiteren Nürnberger Quellen wird er 1525/26 kaiserlicher Herold genannt.

Rixner erstellte auch mehrere genealogische Arbeiten. Über die Herzöge von Mecklenburg schrieb er: „Historischer Auszug von dem Herkommen und Wappen der Koenige und Herzoge in Mecklenburg anno 1530 von Georg Rixner, genendt Hierosalem Eraldo und Konig der Wappen".

In den „Adelige und bürgerliche Erinnerungskulturen des Spätmittelalters und der Frühen Neuzeit" wird auch auf diese Problematik Bezug genommen.[20] Hier erwähnen Autoren allerdings, außer den angezweifelten Datierungen, Zusammenhänge zwischen den Adelsgeschlechtern von Katzenellnbogen, Hanau und Ysenburg. Die Breuberger als Adelsgeschlecht, oder gar Ahnen der Frankensteiner, finden hier nicht statt.

📖

Frankensteiner und Burgunder

Die Wurzeln der Frankensteiner liegen weit früher als die urkundlichen Erwähnungen zunächst vermuten lassen. Im 4. Jahrhundert n. Chr. entstehen, so der Geschichtsschreiber Ammianus Marcellinus, die ersten Burgen der Alemannen[21] im Gebiet der Bergstraße und des Odenwaldes. Er musste es wissen, war er doch Begleiter und Militärhistoriker Kaiser Valentian I.

Der hatte mit den Alemannen[22], Franken sowie deren Verbündeten ständig Scharmützel, teilweise regelrechte Schlachten, auszustehen. Denn diese strebten nach Unabhängigkeit von Rom. Sie wurden nie „sichere Verbündete" des Weltreiches am Tiber.

Im Gegensatz zu den Burgundern. Sie stammten aus dem Ostseeraum mit Hauptsiedlungsgebiet Insel Bornholm, wovon sich ihr Name ableitet. Die Neuankömmlinge siedelten sich im Raum Worms/Mainz linksrheinisch und auch auf dem rechten Ufer des Rheins an. Waren die Alemannen schon 213 n. Chr. am Main und im Odenwald nachweisbar, kamen die Burgunder vergleichsweise spät in dieses Gebiet. Die gesicherte Geschichtsschreibung datiert (Brockhaus) ihre ersten Spuren auf 406 n. Chr. in Worms. Das damals schon befestigte Stadt gewesen sein soll.

436 wurde das Wormser Burgunderreich von den Hunnen unter Attila (Etzel) vernichtet. Überlebende der linksrheinischen und Teile der rechtsrheinisch lebenden Burgunder siedelten bis 548 unter dem Druck der Römer an den Genfer See und nach Frankreich in die Gegend von Troyes um. Dort gründeten sie mit römischer Hilfe ihr zweites Königreich.

In diese Zeit fallen auch die ersten Wurzeln des Nibelungenliedes[23]. Das allerdings erst viel später von der Ritterballade zum Epos wurde. Es spricht viel dafür, dass zumindest einer der Autoren zeitweise im Kloster Lorsch gelebt hat. In mehreren der 40 derzeit bekannten fragmentarischen Handschriften des Nibelungenliedes sind Plätze beschrieben, deren Schilderung mehr als oberflächliche Ortskenntnis der Bergstraße voraussetzt.

So ist in einer der Handschrift D (Donaueschingen) zugeordneten Kopie von „Herrn Siegfrieds Haag auf dem Langen Berges Naas" die Rede. Und den „Langen Berg" gibt es im ganzen Gebiet nur zwischen Seeheim und Darmstadt-Eberstadt. Diese Gemarkungsbezeichnung taucht schon in den ältesten Urkunden dieser Region auf.

Erst um 800 n. Chr. setzt im Frankenreich mit Einhard, dem Biografen Karls des Großen, die chronistische Geschichtsschreibung im ansatzweise historischen Sinne ein. In diese Zeit fallen auch erste Aufzeichnungen über Schenkungen an das Kloster Lorsch. Was vorher war, ist nur sehr schwer zu belegen. Anhand von Funden und Fragmenten. Doch da hapert es fast überall. Ausgrabungsfunde sind immer noch mehr zufällig.

Um die These der Abkunft der Herren von Frankenstein von den Burgundern untermauern zu können, muss weit in die Zeit der Völkerwanderung und ihrer Ursprünge zurückgegriffen werden. Dazu muss auch der Verlauf der Bernsteinstraße und ihre Bedeutung berücksichtigt werden.

📖

Handelsweg Bernsteinstraße

Sie gilt als eine der ältesten und bedeutendsten Handelsstraßen der frühen Zeit: die Bernsteinstraße. Sie war schon in der Steinzeit, etwa 4.000 v. Chr., nicht nur einer der wichtigsten, sondern auch der gefährlichsten Handelswege der alten Welt. In mehreren, voneinander unabhängigen Zweigen, führte sie von der Ostseeküste (Königsberg) und England in den Mittelmeerraum. Mitten hinein ins Zentrum des Römischen Reiches und von dort bis nach Indien. Belegen Funde, die erst seit jüngerer Zeit miteinander in Verbindung gebracht werden. Die Bernsteinstraße ist damit die wohl älteste Straße von der Nord- und Ostsee bis tief in den Süden.

Obwohl sie in jüngerer Zeit immer mehr ins Interesse der Geschichtsforscher gerückt ist, bleibt das Wissen über ihren Verlauf und ihre wirkliche Bedeutung für die Entwicklung der Menschen noch immer weitgehend bruchstückhaft.

Inzwischen gehen Historiker davon aus, dass in unserer Region schon vor der Zeit der Etrusker[24] südlich von Frankfurt, zwischen Dietzenbach und dem Frankenstein, eine bedeutende Handelsniederlassung war, die nicht nur dem Nord-Süd-, sondern auch dem Ost-West-Handel diente. Weshalb ein Knüppeldamm vom Gebirge (Odenwald) bis an den Rhein ging.

Die Bernsteinhändler wählten mit ihrer kostbaren Fracht immer die sicherste Route. In der Antike änderte sich dieser Weg wegen Überfällen und der Völkerwanderungen mehrmals. Bei gleichwertigen Alternativen wählte man Flussläufe oder Höhenzüge, an denen im Laufe der Zeit eine steigende Anzahl befestigter Häuser sichere Übernachtungsmöglichkeiten bot.

Unterwegs waren die Reisenden meist auf Güte und Hilfsbereitschaft fremder Menschen angewiesen. Die Griechen, Römer und Germanen betrachteten die Gastfreundschaft gewissermaßen als ihre von Göttern aufgegebene und geschützte Pflicht. Weshalb sie dem Reisenden jederzeit Obdach, Schutz sowie Nahrung gewährten. So wie es bei zahlreichen Naturvölkern noch heute üblich ist.

Als sich im Mittelalter der Reiseverkehr auch in Deutschland verstärkte, gab es eine Neuerung. Geschäftsleute und Pilger fanden jetzt in Klosterherbergen und Hospizen Unterkunft. Doch die klösterlichen Einrichtungen waren den Anforderungen und Bedürfnissen der Gäste immer häufiger immer weniger gewachsen.

Im 13. Jahrhundert entwickelte sich deshalb die gewerbsmäßige Verpflegung. Die Gastwirte benötigten jedoch eine Erlaubnis (Konzession) des Landesherrn oder der Stadtobrigkeit. Diese verliehen das Recht Taberna (Tavernen) zu betreiben. Sie waren die ersten gewerblichen Gaststättenbetriebe in Deutschland und unterlagen strengen Kontrollen. Auch wenn sie hohe Abgaben zahlen mussten.

Eine Tavernenordnung legte Grundregeln fest. Wonach vor allem das Panschen von alkoholischen Getränken wie Wein und Bier verboten war. Aus jener Zeit kommt auch der Begriff, jemand ein X für ein U vorzumachen.

In römischer Zahlenschrift war das „V" geschriebene U das Zeichen für fünf. Verlängerte der Gastwirt auf dem Balken, an dem mit Kreide der Verzehr eines jeden Gastes verzeichnet war, das V an beiden Strichen nach unten, erhielt er ein X – das Zeichen für zehn. Und verdoppelte so den Umsatz mit seinem Gast. Welcher Umstand in jenen Tagen häufigster Grund für Kneipenschlägereien der Wirte mit ihren Gästen war.

Unredliche Wirte büßten ihr schändliches Tun oft gleich auf frischer Tat mit dem Verlust des linken Ohres. Was sie für alle Zukunft brandmarkte. Sie wurden von der Gesellschaft ausgeschlossen.

In vielen Ortschaften unterhielt der Stadtrat wegen dieser Betrügereien und daraus folgenden Schlägereien seine eigene Gaststätte. Woran heute noch in einigen Städten „Ratskeller" erinnern.

Ein regelmäßiger Postverkehr ab dem 16. Jahrhundert ließ an Poststationen Gasthöfe entstehen, in denen Reisende Unterkunft und Verpflegung fanden. Mit – meist – genießbarem Fleisch und wenig Läusen im Bettstroh. Welch letzteres laut Vorschrift der Postbetreiber regelmäßig gewechselt werden musste. Hier steht noch heute der Name von Thun und Taxis als Postbetreiber für Qualität.

Historiker unterscheiden bei der Bernsteinstraße mindestens vier Routen. Mit ihren Varianten orientieren sie sich an den großen Flussläufen: die Nordseeroute (von und über England), die östliche, älteste Landroute (Weichsel) und die mitteldeutsche Landroute (Oder und Elbe), die westdeutsche Landroute (Rhein und Maas).

Der lange Zeit bedeutendste Zweig führte von Königsberg in den Hamburger Raum. Von dort ging es entlang der Elbe, dann nach Passau und schließlich nach Venedig. Ein weiterer in der Römerzeit bedeutender Zweig führte von Königsberg entlang der Weichsel, kreuzte die Oder und die Donau und endete in Aquilea.

Weitgehend unerforscht geblieben ist bisher ein Zweig, der ins Rhein-Main-Gebiet (Gegend von Dietzenbach) und von hier aus entlang der heutigen Bergstraße über den Brenner vermutlich auch in die Gegend des heutigen Venedig führte. Es gibt Hinweise, die einen Zweig dieses Handelsweges durch das Friaul, den Peloponnes hinunter, nach Kleinasien in die Gegend des späteren griechischen Troja und von dort aus bis Madras in Indien belegen könnten. Sicher ist dies noch nicht, aber die Hinweise scheinen stichhaltig und es werden immer mehr.

Händler die auf diesem Zweig der Bernsteinstraße, ebenso wie auf den anderen, unterwegs waren, konnten den gesamten Weg dieser Handelsstraße nicht in ihrem Leben ablaufen. Also hatte man sich schon von Anfang an auf den sogenannten Stafettenhandel verlegt.

Dabei tauschten die Händler an festgelegten Orten ihre Waren des Südens gegen die des Nordens. Trugen diese dann zurück dorthin, wo sie herkamen. Was den hohen Preis dieser Luxusgüter der Frühzeit erklärt.

Für das Rhein-Main-Gebiet wird der Umschlagplatz der wandernden Händler aufgrund von Funden im Raum Dietzenbach gesehen. Entgegen zahlreichen, inzwischen verworfenen, Vermutungen führte der Handelsweg dann nicht entlang des Rheines bis Basel. Dabei hätte man den gesamten Rheingraben, ein undurchdringliches Sumpfland mit fieberübertragenden Stechmücken und unüberwindlichem Morast, durchwaten müssen. Was man wohl kaum auf sich genommen hat.

Stattdessen wurde ein Gebirgsrücken erklommen. Den kennen wir heute als Bergstraße, auf deren Höhen der Fernwanderweg Alpen – Nordsee verläuft. Der ist deshalb vermutlich der moderne Nachfolger dieser alten Handelsstraße.

Dort wo man die Höhe erklommen hat, lag eine Rast nahe. Und weil man einen gefährlichen Weg vor sich hatte, lag ebenso nahe, zu seinen Göttern zu beten, ihnen Opfergaben darzubieten.

Zu diesem Zweck suchte man sich einen herausragenden Platz, der schon von fern zu erkennen war. Der gewissermaßen naturgegebene Ort hierfür ist die Stelle, wo sich der Lange Berg, auf dem heute die Burg Frankenstein steht, aus der Ebene erhebt. Spuren für ein hier einst befindliches Heiligtum gibt es. Sie wurden bisher noch nicht gesichert.

Es dürfte schon gut mehr als 6.000 Jahre her sein, dass die ersten Menschen hier zu ihren Göttern beteten. Gesichert ist, dass es bereits 2.500 v. Chr. entlang der Handelsstraße und ihren Zweigen umfangreiche Infrastruktur gab. Der Handel mit dem Gold des Nordens in Richtung Süden brachte Waren in den Norden, die sogar den Menschen der heutigen Zeit mit Erstaunen erfüllen.

Zu denken ist dabei an die Himmelsscheibe von Nebra[25]. Die aus Gold aus dem indisch-asiatischen Raum und Kupfer aus frühgeschichtlichen Abbaustätten im heutigen Österreich besteht. Sie dienten den Menschen der Frühzeit nicht nur zur Bestimmung der Jahreszeiten. Sondern auch zu rituellen Zeremonien.

Noch früher mögen auf dieser Straße die ersten Feuersteinwaffen, Speerspitzen und Dolche, aus dem Süden in den Norden gekommen sein. Was schnell zum Aufbau einer steinzeitlichen „Waffenindustrie" geführt hat – wie im Ziegelwald bei Groß-Umstadt.

Später kamen auf diesem Weg, etwa ab 2.500 v. Chr., die ersten Bronzewaren in den Norden. Da standen in Ägypten schon die Pyramiden.

Ähnlich wie bei der Seidenstraße kann die Geschichte heute bei der Bernsteinstraße nicht mehr nur von einer Handelsroute ausgehen. Sie bildete ein weitverzweigtes, untereinander verbundenes, Netz. Es gab außerhalb des Römischen Reichs wohl eine Reihe von Handelswegen, auf denen seit der Urgeschichte Bernstein bis in die Alpenländer und Italien verhandelt wurde.[26]

Als sich das Imperium Romanum bis an die Donau ausweitete, wurde die Handelsroute wahrscheinlich bereits unter Augustus und Tiberius (Beginn des 1. Jahrhunderts n. Chr.) als Staatsstraße (Römerstraße) auf dem Gebiet des Römischen Reichs ausgebaut. Der Verlauf der römischen Bernsteinstraße ist in der „Tabula peutingeriana" verzeichnet.

Die wintersichere Verbindung zwischen Carnuntum an der Donau und Aquileia in Italien heißt römische Bernsteinstraße[27]. Sie gehört zum römischen Straßennetz. Plinius der Ältere (23-79 n. Chr.) berichtet, dass Bernstein auf dieser Straße von der Ostseeküste nach Aquileia transportiert worden sei. Diesem Geschichtsschreiber des Imperium Romanum verdankt sie ihren Namen.

Dieser bereits in der Frühzeit der menschlichen Entwicklung bedeutsame Handelsweg folgt in Niederösterreich der March. Dank einer Furt bei Carnuntum rund 50 km östlich von Wien quert sie hier die Donau[28]. Um die Alpenpässe zu umgehen, verläuft die Straße von Carnuntum, Scarabantia (Sopron/Ödenburg), Savaria (Szombathely/ Steinamanger) und Poetovio (Ptuj/Pettau) über Emona (Laibach, Ljubljana) nach Aquileia.

Zwischen Sopron und Szombathely führt die Bernsteinstraße durch das Mittelburgenland (Bezirk Oberpullendorf). Hier lag ein bedeutsames keltisches Eisengewinnungsgebiet. Im 3./4. Jahrhundert n. Chr. verliert sie ihre Bedeutung als Verbindung zwischen Italien und Carnuntum. Soweit die römische Bernsteinstraße nicht durch Überbauung mit modernen Straßen verschwunden ist, ist sie noch heute auf Luftbildern durch Bewuchsmerkmale im Getreide oder als leichter Schotterwall in frisch gepflügten Äckern erkennbar.

📖

Völkerwanderung

Die Völkerwanderung wirbelte nicht nur ganz Europa, die damals bekannte Welt, durcheinander. Sie hatte ihre Wurzeln in Wanderbewegungen, die ganz Kleinasien und das heutige Persien, sowie Teile der arabischen Halbinsel und Nordafrikas tangierten. Ausgegangen zu sein scheint der Druck auf die dort ansässigen Völkerschaften von Stämmen im Norden Indiens.

Ob sie durch Hungersnöte, infolge von Überschwemmungen oder Dürre ihre Stammgebiete am Indus und im wüsten Pamir[29] verließen, ist nicht hinreichend erforscht. Oder, genauso wahrscheinlich, sahen sie sich dem Druck anderer, südlicherer Stämme ausgesetzt und zogen sich aus ihren angestammten Gebieten zurück. Tatsache ist aber, dass sie in Persien ansässige Völker und Stämme über den Kaukasus – der immerhin mit dem Elbrus eine Höhe von 5.642 m erreicht – drängten.

Die noch heute gefährlichen Pässe scheinen für jene Stämme kein ernst zu nehmendes Hindernis gewesen zu sein. Sie zwängten sich später entlang der Küsten des Kaspischen, des Asowschen und des Schwarzen Meeres bis in die fruchtbaren Gebiete an der Donau, in Pannonien und an der Ostseeküste. Dabei folgten sie nicht nur den großen Strömen Russlands.

Diese Ursachen für die Völkerwanderung halten Ethnologen heute für sicher. Schon 1885 hat der Ethno-Soziologe E. G. Ravenstein die sieben individuellen Gesetze der Wanderung (Laws of Migration) formuliert: klimatische Veränderungen, die zu Dürre oder Überschwemmungen führen, politische Ereignisse, Seuchen, Übervölkerung, um die wichtigsten zu nennen. Kommen, nach diesem Standardgesetz der Soziologie, mehrere dieser Fak-toren zusammen, steigt die Wahrscheinlichkeit der Abwanderung großer Menschengruppen rasant an.

Die germanische Völkerwanderung und ihre Auswirkungen im Rhein-Main-Gebiet sind nur zu verstehen, geht man so weit in die Vergangenheit zurück. Speziell gilt dies für die Region rund um den Frankenstein. Sich mit diesen Fakten auseinanderzusetzen, bedeutet den Abschied von altüberkommenen Vorstellungen. Aber auch historischem Wissen, das sich als nicht haltbar erwiesen hat. In manchen Köpfen aber noch immer festsitzt.

So ist sicher, dass der Rheingraben bis ins 15. Jahrhundert ein fast unpassierbarer Fiebersumpf war. Lediglich auf den wenigen Sandinseln waren Siedlungen möglich. Die spärlichen Siedler waren arm und haben sich mit großer Sicherheit mehr schlecht als recht von Fischfang ernährt.

Oder sie waren, wie im Fall Eberstadt kolportiert wird, Diebe und Räuber. Die vor Strafe flüchteten und sich zu marodierenden Banden, mit Heimstatt in den Sümpfen, zusammenschlossen.

Anders nur dort, wo man einigermaßen trockenen Fußes den Sumpf durchqueren konnte. Erst Rupprecht von der Pfalz gelang es zwischen 1400 und 1410 dem Neckar ein neues Bett zu graben und damit das gesamte Gebiet trocken zu legen.

Die ständige Einwanderung von Franken in Gallien ab 350 und ihre Ansiedlung als römische Bundesgenossen erleichterte die Gründung und Ausbreitung des Fränkischen Reiches im 5./6. Jahrhundert. Vieles spricht dafür, dass schon zu dieser Zeit Burgunder auf dem Frankenstein lebten, sich mit den Franken verbündeten und in diesem Stamm aufgingen.

Fest steht derzeit jedenfalls: Die germanische Völkerwanderung war kein einheitlicher Vorgang. Sie war vielmehr die Summe von Bevölkerungsbewegungen unterschiedlicher Zeiten und Ursachen. Zu letzteren gehören neue Stammesbildungen (wie bei den Goten), die Verschlechterung der Wirtschaftslage und die Anziehungskraft der römischen Welt mit ihrer höheren Kultur.

Ergebnisse der Völkerwanderung sind die tiefgreifende Umgruppierung ganzer Völkerscharen im bekannten Europa und das Ende des Römischen Reiches. Außer dem spanischen Westgotenreich war nur den Staatsgründungen der Franken, Angelsachsen und Langobarden auf ehemaligem Reichsgebiet eine längere Lebensdauer beschieden.

📖

Bedeutung der Frankensteiner

Für Burg Frankenstein und ihre frühen Bewohner sind die Burgunder besonders wichtig. Denn viele Beweismittel sprechen dafür, dass die Herren von Frankenstein von diesem, aus dem Ostseeraum eingewanderten (später im Stamm der Franken aufgegangenen), Volk abstammen. Ihre Abkunft von den Herren von Breuberg muss als Fehldeutung des historisch dilettierenden Pfarrers von Darmstadt-Eberstadt betrachtet werden. Weil es eindeutig ältere urkundliche Erwähnungen der Burg Frankenstein gibt, als die von Pfarrer Wolfgang Weißgerber[30] behaupteten. Weißgerber selbst hat die „in castrum frangenstein" ausgestellte Urkunde als in einer bereits bestehenden – und bewohnten – Burg bezeichnet.

Folgt man Professor Lothar Höbelt[31], sind die Frankensteiner „ein uraltes Odenwälder Adelsgeschlecht". Dessen Nachfahren (nach dem Aussterben der männlichen Hauptlinien 1602) wurden schon 1670 in den Stand der Reichsfreiherren erhoben. Da lebten allerdings schon längst keine Ritter von Frankenstein mehr auf der Burg, sondern diese gehörte bereits den Darmstädter Herren, die ihr zu einer ruinösen Geschichte verhalfen. In diese Zeit (1673) fällt auch die Geburt Johann Konrad Dippels von Frankenstein.

Wer die ursprünglichen Bewohner der Burg waren: Bestimmt nicht die Herren von Breuberg, wie der historisch dilettierende Pfarrer Wolfgang Weißgerber zu beweisen versuchte. Denn die Breuberger gehörten einer niederen Adelsklasse an, die zu diesem Zeitpunkt gerade fast verzweifelt versuchte, diesen Stand für sich zu erhalten. Indem sie seit mindestens drei Generationen von ihren Vorfahren bewohnten Grundbesitz nachwies. Da kam die Vermählung mit einer höhergestellten Frau aus einem untergehenden Adelsgeschlecht im Ried gerade recht.

Eher wahrscheinlich ist, dass sich Familienverbünde burgundischer Abkunft rechts des Rheins niedergelassen haben. So wohl auch eine burgundische Sippe, die sich an einem erst steinzeitlichen, dann keltischen Heiligtum auf dem markanten Bergrücken sesshaft machte. Der große Vorteil für sie: Wer hier saß, hatte die gesamte Region im Blick. Das war schon einige Arbeit wert, um sich hier häuslich einzurichten. Wobei dies in der Anfangszeit wohl noch keine Burg im mittelalterlichen Sinne war. Was hier stand, dürfte eher eine Ansammlung von fest gefügten Häusern, geschützt von Wall und Tor, gewesen sein.

Für diese Abkunft der Herren vom Frankenstein sprechen mehrere Fakten. Einmal sind es die baulichen Relikte, die in der Burg auf die Burgunder deuten, zum anderen ist es ihr Familienwappen, das Beileisen.

Vom Anbeginn her ist es ein Handwerkszeichen gewesen, das Zimmerleute in Anlehnung an ihre Arbeit führten. Es funktionierte, wie ein großer, offener Hobel und diente, von fünf Männern geführt, zum Schlichten von Bäumen und großen Holzstücken. In der kleineren Version wurde es von einem Mann allein für Feinarbeiten, bis hin zum Drechseln von Stäben, benutzt. Und taucht zuerst als Wappen angesehener Familien in burgundischen Siedlungsgebieten auf.

Ein weiterer Punkt ist die – nachgewiesene – urkundlich erwähnte Körpergröße der Frankensteiner, die alle durchweg um/über 1,90 Meter maßen. Während die „normale" Größe der Menschen in dieser Region damals bei 1,50 Metern lag. Außerdem waren, eine ganz wichtige Eigenschaft, die Burgunder Linkshänder. Eine Eigenschaft, die heute noch bei den Nachfahren der Herren von Frankenstein häufig ist (dominante Erbfolge).

Interessant in diesem Zusammenhang ist der, praktisch bis heute nur noch bei den Herren von Frankenstein vorkommende, Vorname Arbogast. Im Althochdeutschen bedeutet er „fremder Erbe freien Landes". Wobei der Begriff „Erbe" damals bedeutete „in Besitz Nehmender" (Eroberer). Das Wortteil „gart" oder „gast" deutet mit gro-

ßer Wahrscheinlichkeit auf den ebenfalls später in den Franken aufgegangenen Stamm der Gasten hin. Eine weitere Wortbedeutung
wird von Sprachforschern für „gast" als Bezeichnung eines mächti-
gen Speerkämpfers gesehen.

Um die Herkunft der Herren von Frankenstein, ebenso wie eines
großen Teiles der Bevölkerung dieser Region, verstehen zu können,
muss man so weit in die Geschichte der Völkerwanderung zurück-
gehen. Aber auch dies kann nur ein Versuch sein, Licht in das Dunkel einer Zeit zu bringen, in der die Wurzeln für das moderne Europa gelegt wurden. Und so wird die Geschichte der Burg Frankenstein ein wesentliches Stück einer europäischen Zeitreise.

Maßgeblich mitgeschrieben an der frühen Geschichte des mittelalterlichen Europas haben die Herren von Frankenstein bis 1602. So
viel steht fest. Sie standen, folgt man ihren Spuren in Dokumenten
quer durch Europa, nie in der ersten Reihe des Reiches. Aber ebenso
wenig auch in der dritten. Sie waren Feldherren, geistliche Herren,
Berater der Herrschenden, Verwaltungsfachleute von hohem Rang.
Und das überall in der bekannten Welt.

Das Aussterben der männlichen Hauptlinien im 16. und 17. Jahrhundert bedeutete einen herben Verlust. Folgten sie zwar nicht dem
Hauptstrom der Meinungen und dem was damals als modern galt,
so waren sie doch traditionsverpflichtet und in diesem Sinne gegen
die Herausforderungen der Zukunft gewappnet.

Wobei sie sich keineswegs gegen alles Neue stellten. Weshalb es
nicht wundert, dass aus den Nebenlinien ebenfalls zahlreiche wichtige Politiker und Künstler hervorgingen. Auch im 19., 20. und 21.
Jahrhundert spielen Herren von Franckenstein eine bedeutende
Rolle. In der Wirtschaft, wie in der Politik.

So Georg Arbogast, Freiherr von Franckenstein aus Ullstadt bei
Würzburg. Er war ab 1881 Präsident des Bayerischen Reichsrats,
wurde schon 1872 Mitglied des deutschen Reichstags, dessen erster

Vizepräsident er von 1879 bis 1887 war. Er brachte 1879 die sogenannte Franckensteinische Klausel durch, die den Ländern die
Überschüsse aus Zoll und Tabaksteuer zusprach. Sehr zum Leidwe-
sen der Länder wurde diese Klausel 1896 gekippt. Immerhin hatte
sie ihnen rund 130 Millionen Mark eingebracht. Aus damaliger Sicht
eine gewaltige Summe.

Damit war er Zeitgenosse und teilweiser Weggefährte Chlodwig
VI., Fürst zu Hohenlohe-Schillingsfürst, Prinz von Ratibor und Corvey. Dieser war nicht nur von 1866 bis 1870 Bayerischer Minister-
präsident, sondern auch begeisterter Sammler jeder Art von Roma-
nen. Seine Familie, genauso literaturbeflissen wie er, kaufte nahezu
alle in Europa verfügbaren belletristischen Neuerscheinungen für
ihre Bibliothek in Kloster Corvey an.

So auch die Erstausgaben von Mary Shelleys „Frankenstein oder
Der moderne Prometheus". Über das sich der Bibliothekar im Sitz
der Familie, Kloster Corvey, nicht genug ärgern konnte. August
Hermann Hoffmann von Fallersleben[32] beklagte sich schriftlich gegenüber einem Amtskollegen über dieses „englische Machwerk".

Ein weiteres herausragendes Mitglied dieser Familie war Georg
von Franckenstein. Er diente
Österreich als Botschafter beim
englischen Königshaus und
hatte seinen Wohnsitz in London. Als Hitlerdeutschland den
„Anschluss" Österreichs an das
Reich im Handstreich vollzogen
hatte, versuchten die Nazischergen dieses feinsinnigen Kunst-
freundes in London habhaft zu
werden. Hatte er sich doch vor
dem „Anschluss" Österreichs

Georg von Franckenstein mit King Edward VII. bei einem offiziellen Auftritt in London. Der Frankensteiner überragte die Gesellschaft um Haupteslänge.

an das „Reich" abfällig über den „neurotischen, paranoiden österreichischen Anstreicher" geäußert, der „jetzt die Deutschen regiert".

Dafür habe er kein Verständnis, äußerte er in einem Interview der Times.

Der österreichische Botschafter war deshalb seines Lebens nicht mehr sicher. Sein rumänischer Kollege bot ihm sofort eine sichere Bleibe. Dort lernte ihn dessen Sohn Radu Florescu kennen. Aufgrund seiner großen Verdienste um den Kulturaustausch zwischen den beiden Ländern wurde Georg zu „George, Baron von Franckenstein", und so Bürger des britischen Empires.

Radu Florescu wurde Historiker, leitete als Professor in Boston Jahrzehnte lang das international angesehene Institut für Europäische Geschichte. Er publizierte in der Zeit zahlreiche wissenschaftliche Arbeiten, die ihm internationalen Ruf einbrachten. Besonders seine Veröffentlichungen zur Rolle Österreich-Ungarns und Rumäniens während der Türkenkriege festigten seinen und den international guten Ruf seines Instituts. Er starb 2014 in fast salomonischem Alter; immer noch reiselustig und aktiv mit „seiner" Geschichte beschäftigt.

Radu Florescu bespricht mit Walter Scheele auf Burg Frankenstein neue Veröffentlichungen

Untersuchungen zu Frankenstein und Mary Shelley folgten nach einem Treffen Radu Florescus mit Historikern und Literaturwissenschaftlern in Genf. So war er einer der ersten, die anhand von Dokumenten den Zusammenhang zwischen Mary Shelleys Schweizer Studenten Victor von Frankenstein und dem Alchemisten Johann Konrad Dippel von Frankenstein erkannten und belegten.

Als die Österreicher nach dem Zusammenbruch des 3. Reiches Baron von Franckenstein den Posten des Bundespräsidenten in der neuen Donaurepublik anboten, lehnte George von Franckenstein ab. Seine Begründung: Er müsse seine britische Staatsbürgerschaft aufgeben, um dieses Amt zu bekleiden. Das könne und wolle er nicht, weil Britannien zu ihm gestanden, als er um seine Integrität nicht allein, sondern auch sein Leben fürchten musste. Schriebs und blieb in London.

Fest steht, die Frankensteiner dienten Zeit ihres Bestehens ihrer Heimat ehrenhaft und mit Würde in den unterschiedlichsten Bereichen. Herren von und zu Franckenstein (früher: Frankenstein) waren Feldherren, Politiker, Diplomaten, Juristen, Äbte, Bischöfe, Künstler oder Schriftsteller. Nie fiel der Schatten eines Skandals auf diese Familie.

📖

Der Name Arbogast

Eine fesselnde Facette im Leben und Herkommen der Frankensteiner ist der fast nur in dieser Adelsfamilie geläufige Vorname: Arbogast. Er taucht zum ersten Mal in der römischen Geschichte in der „Fünf Kaiser Zeit" auf. Dieser Arbogast starb am 8. September 394. Als „Arbogast der Ältere" wird er als römischer Feldherr fränkischer Herkunft in den Geschichtsbüchern erwähnt. Kaiser Theodosius I. ernannte ihn zum Comes. Womit er zum eigentlichen Statthalter von Gallien wurde.

Arbogast war der Sohn des Bautos, eines wichtigen Beraters des Kaisers Valentinian II. Von 388 bis 394 war Arbogast Heermeister. Er kämpfte zunächst für Theodosius I. gegen den Usurpator Magnus Maximus. Anschließend leitete er unter Kaiser Valentinian II. die Politik des westlichen Reichsteils. Zu jener Zeit hieß das vor allem: Verteidigung der Rheingrenze.

Arbogast war Zeit seines Lebens überzeugter Heide, pflegte aber etwa mit Kirchenvater Ambrosius von Mailand gute Beziehungen. Was ihn aber nicht daran hinderte, Intrigen zu spinnen. Sie sollten die Wiedereinführung der alten römischen Götter und ihrer Kulte bewirken.

Am 15. Mai 392 fand man Valentinian erhängt im Palast von Vienne auf. Die Todesumstände des jungen Kaisers sind nicht völlig klar. In den zeitgenössischen Quellen tauchen verschiedene Darstellungen auf. So wird einerseits behauptet, Arbogast habe den Kaiser ermorden lassen. Möglich ist jedoch auch die andere Darstellung: Valentinian, der über keine reale Macht verfügte und seinem Heermeister völlig ausgeliefert war, habe diese Situation nicht mehr ertragen. Deshalb habe er Selbstmord begangen.

Weil Arbogast nach dem Tod Valentinians auf einen neuen Kaiser aus dem Osten wartete, erscheint diese Variante wahrscheinlicher als andere. Wenn das stimmte, wäre Arbogast mitschuldig am Tode des jungen Kaisers. Er hoffte auf einen minderjährigen Sohn Theodosius' I. als Nachfolger für den toten Kaiser, den er hätte kontrollieren können. Das sah Theodosius I. auch so, ging dieses Risiko aber nicht ein.

Daraufhin erhob Arbogast mit Hilfe der römischen Oberschicht, die noch von Heiden wie Symmachus und Nicomachus Flavianus beherrscht wurde, den Rhetoriklehrer und kaiserlichen Kanzleibeamten Eugenius zum Augustus des Westens. Auch unter dem neuen Herrscher war Arbogast der eigentliche Machthaber, der jetzt ein Bündnis mit dem Senat einging, um im Jahr 393 die heidnische Religion wieder herzustellen.

Dieses Vorhaben brachte den streng christlich gesinnten Kaiser Theodosius in Harnisch und umgehend nach Italien. Er wollte die Situation auf seine Weise bereinigen. Mit dem Schwert. Er besiegte Eugenius und Arbogast am 6. September 394 in der Schlacht am Frigidus im Tal der Wippach, eines Nebenflusses des Isonzo. Eugenius wurde hingerichtet, Arbogast beging kurz darauf Selbstmord.

Eine weitere ebenso faszinierende Geschichte rankt sich um den Heiligen Arbogast, Bischof von Straßburg, Schutzheiligen der Stadt

Hl. Arbogast

und des Bistums. Im Bibliographischen Kirchenlexikon, Verlag Traugott Bautz, Band I (1990) Spalte 205 von Friedrich Wilhelm Bautz, ist zu lesen: „A. stammte aus fränkischem Adel und wurde um 550 vom Merowingerkönig ins Elsaß gesandt. Er erbaute die erste Straßburger Kathedrale und gründete das Kloster Surburg sowie das spätere St.-Arbogastus-Stift in Straßburg. - Fest: 21. Juli".[33]

Etwas anders liest man es in Stadlers Vollständiges Heiligen-Lexikon:

„St. Arbogastus, Ep. (21. Juli). Altd. = nach Wachter: telipotens, mit Geschossen (arf) mächtig (gast). - Der hl. Arbogast - gewöhnlich Sanct Algast genannt - Bischof von Straßburg im Elsass, wurde von vornehmen christlichen Eltern in Aquitanien (dem südlichen Theile von Frankreich) geboren. Einige Schriftsteller lassen ihn in Schottland, Andere in Irland geboren werden; allein die Geschichtschreiber vom Elsaß, denen auch der Bollandist Boschius folgt, behaupten, Aquitanien sei dessen Vaterland. Ueber die Geschichte seiner Jugend, dann warum er nach Elsaß gegangen, und endlich wie er vor seiner Erhebung zur bischöflichen Würde daselbst gelebt habe, hierüber enthält die Vita, die wahrscheinlich vom Bischof Utho von Straßburg herrührt und im 10ten Jahrhundert verfaßt zu seyn scheint, keine Aufschlüsse; allein aus andern Schriftstellern erfahren wir, daß unser Heiliger von frühester Jugend an den Uebungen der Gottseligkeit sich ergeben, daß er seine Eltern, weil sie ihm auf alle Weise den Geschmack am Irdischen einzuflößen suchten, um das Jahr 667 verlassen habe und nach dem Elsaß gegangen sei, wo er sich unweit Hagenau niedergelassen, um hier ein einsiedlerisches Leben zu führen etc.

Der Ort, wo er hier in Abgeschiedenheit verweilte, war der „Heiligen-Forst", ein Wald, so genannt wegen der vielen Wunder, die der hl. Arbogast daselbst wirkte, wie auch wegen der vielen hhl. Einsiedler, die ihn bewohnten, und der Klöster, die da erbaut wurden. Wie lange er da gelebt habe, ehe er auf den bischöflichen Stuhl von Straßburg erhoben wurde, läßt sich mit Gewißheit nicht angeben.

Nach Butler fällt diese Erhebung zur bischöflichen Würde in die Zeit Dagoberts II. und wurde der hl. Arbogast im J. 673 Rothars Nachfolger. 'Der Fürst', sagt Butler, ,traf diese Wahl, um seine Verehrung für die Tugenden Arbogasts, wie auch seine Erkenntlichkeit an den Tag zu legen, weil sein Sohn Siegbert, der auf der Jagd im Walde von Ebersheimmünster durch einen Sturz vom Pferde eine tödtliche Wunde erhielt, durch das Gebet des Dieners Gottes geheilt worden.' Damit nun, daß der hl. Arbogast von Dagobert II., König von Austrasien, zum Bischof von Straßburg erwählt worden, sind die Bollandisten ganz einverstanden; aber bezüglich der Zeit weisen sie nach, dass diese Wahl in's Jahr 670 falle.

Ferner sei nicht ganz richtig, was Butler von der Errettung Siegberts sagt. Denn nach der Vita, von der oben die Rede gewesen, war Siegbert in Folge des Schreckens und der Wunden, die er erhalten hatte, wirklich gestorben und durch unsern Heiligen zum Leben erweckt worden, und das geschah zu einer Zeit, als Arbogast schon Bischof war. Seine bischöfliche Verwaltung war von kurzer Dauer; denn er starb schon am 21. Juli 678 und wurde nach seinem Wunsche außerhalb der Stadt auf einem Hügel, wo man die Verbrecher hinrichtete, begraben.

Sein Nachfolger, der hl. Florentius, erhob seinen Leichnam und stellte ihn zur öffentlichen Verehrung aus, wie denn auch eine Kapelle unter Anrufung des hl. Michael auf seine Begräbnißstätte erbaut wurde. Vor dem zehnten Jahrhundert kamen seine Gebeine in das von Arbogast erbaute Kloster Surburg und wurden nach zwei Jahren in soweit getheilt, als ein Theil in diesem Kloster blieb, wo er bis zum Jahre 1632 aufbewahrt wurde, jedoch im schwedischen

Kriege verloren ging, der andere aber ward dem Kloster des hl. Arbogast gegeben, das eben zu Straßburg für die regulirten Chorherren des hl. Augustin gestiftet worden war.

Auch diese Ueberreste gingen verloren, als die Lutheraner von Straßburg dieses Kloster im Jahre 1530 niederrissen. Unser Heiliger ist Patron des Bisthums Straßburg und wird sein Fest daselbst, wie es in der deutschen Ausgabe von Butler heißt, am Sonntag vor dem 25. Juli begangen. - Am 21. Juli wird sein Name auch im Mart. Rom. aufgeführt."[34]

Um den Heiligen Arbogast streiten sich auch Schotten und Iren.[35] Dies sei, so mittelalterliche Kirchenbücher, ein Irrtum. Die alte Benennung „Sofia" meine nicht Schott- sondern Irland.[36]

Frühmittelalterliche Darstellung: Hl. Arbogast wird auf einer Burg vom Ritter höfisch begrüßt und geehrt

Welche Version für die Herkunft des Namens die wahrscheinlichste ist? Wer will es heute noch entscheiden. Sprachlich könnte man, wie die meisten Sprachforscher, auf den Goten-Bischof (der nebenbei auch König war) Ulfilas zurückgreifen. In Zusammenhang mit seiner Bibel-Übertragung in die Sprache der Goten wird als „arbo-gast" ein Eroberer bezeichnet. Einer, der sich als Edler in den Besitz freien Landes setzt.

Albeskopf und Magnetsteine

Nur rund 600 Meter muss man in Richtung Süden gehen, um von Burg Frankenstein aus enttäuscht die Magnetsteine zu erreichen. Der höchste Punkt ist mit 419,7 Metern eingemessen, und als Trigonometrischer Punkt (TP) markiert. Die Felsbrocken liegen unbeachtet, ungepflegt und kaum zu finden zwischen Brombeersträuchern.

An dem Gestein tritt ein auffallend starker Magnetismus zutage. An einigen Stellen drehen sich Kompassnadeln in alle Himmelsrichtungen, nur nicht mehr nach Norden, wenn man sie in die Nähe der Felsen bringt. Der Platz, an dem dies am deutlichsten wird, liegt etwas östlich des trigonometrischen Punktes. Er und das Phänomen des hier messbar von der Nord-Süd-Streichung abweichenden Erdmagnetismus wurden schon 1808 in Gilberts Annalen der Physik erwähnt.

Professor Dr. W. König (Geologisches Institut der Universität in Frankfurt) untersuchte bereits 1888 dieses Phänomen genauer. Er widersprach der Ansicht, es handele sich um durch einen Vulkanausbruch an die Oberfläche gelangte magnetische Tiefengesteine, die erst an der Oberfläche erkalteten. Seiner zuerst formulierten Ansicht nach sind die hier auftretenden Tiefengesteine Olivin und Diallag (mit Einsprengungen von Hornblende und Biotit) natürliche Vorkommen, die beim Einbruch des Oberrheingrabens an die Oberfläche gedrückt wurden.

Wieso diese so stark magnetisch sind, kann jedoch auch König nicht plausibel erklären. Er vertritt zunächst die These, die magnetische Wirkung entstehe immer wieder neu. Und zwar durch die Blitze bei den nicht gerade seltenen Gewittern am Frankenstein, die das im Gestein enthaltene Eisen magnetisieren und so die Abweichungen der Kompassnadeln verursachen.

Weder diese noch andere Erklärungsversuche sind allgemein akzeptiert. Denn es gibt wesentlich mächtigere Vorkommen der gleichen Gesteine mit dem gleichen Eisengehalt in wesentlich stärker von Gewittern heimgesuchten Gegenden. Aber dort ist diese Gesteinsformation nicht magnetisch. Es darf über das Phänomen des Magnetberges also weiterhin spekuliert werden. König selbst tat dies später noch mehrfach in wissenschaftlichen Arbeiten.

Selbst Ende der 90er Jahre des 20. Jahrhunderts wurde an diesem Phänomen noch geforscht. Doch auch die moderne Wissenschaft fand bisher keine glaubhafte, allgemein anerkannte Erklärung für diese Naturerscheinung. Inzwischen hat man sich international auf die Bezeichnung „Frankenstein Gabbro" für das Gestein, das mit den gleichen Eigenschatten auch in den Appalachien Mountains und im Yellowstone Nationalpark in den USA vor-kommt, geeinigt. Die bekannten Vorkommen in Amerika sind jedoch wesentlich kleiner als die namengebenden am Frankenstein.

Weitere Wissenschaftler sind der Ansicht, der Frankenstein-Gabbro sei entstanden, als die Erde noch als schwefelstinkender Feuerkloß um die Sonne eierte. Unter Einfluss der Weltraumkälte habe sich auf der glühenden Magma Gestein gebildet, von dem als mächtigster Brocken der Frankenstein an der Erdoberfläche blieb, während andere dieser Brocken in glühender Magma versanken.

An dieser Frankensteiner Platte sollen sich die Ur-Schollen angelagert haben, aus denen später die Platten entstanden, auf denen jetzt unsere Kontinente lagern. Die Mächtigkeit der Frankensteiner Platte wird auf 80 Quadratkilometer geschätzt, soll nach Osten unter den jetzigen Odenwald absinken. In der Tiefe, glauben Geologen, könnte sie in einen Magmastrom ragen, dessen wechselnde Flussrichtung Reibungselektrizität entstehen lasse, die dann zum Magnetismus des Frankenstein-Gabbro führe. Der ist übrigens mit einem Härtegrad von 9,8 fast so hart wie Diamant (10,0), die härteste natürliche Substanz auf Erden.

Vulkanologen teilen diese Einschätzung mit dem Magmastrom nicht. Der soll sich, schon vor sehr langer Zeit, Richtung Westen verschoben haben. Jetzt liege der Hotspot unter Wiesbaden, behaupten die Experten, und sorge dort für warmes Wasser.

Viele Märchen und Geschichten ranken sich um den Ilbeskopf, die Erhebung südlich der Burg Frankenstein. In einer von hohen Bäumen umstandenen, von Steinen eingefassten Fläche, auf der außer dürftigem Gras nichts wächst, sehen viele einen alten Hexentanzplatz. Denn ebenso wenig wie die jungen Leute heute nur eine einzige Disco aufsuchen mögen, haben die Hexen der Vergangenheit auch nach Abwechslung gesucht. Und wenn sie nicht zum Tanz in der Walpurgisnacht zum Brocken fliegen wollten, suchten sie, so alte Geschichten, den Ilbeskopf und den dortigen „Hexentanzplatz" auf.

Fern von allen esoterischen oder gar okkulten Deutungen ist jedoch der Ilbeskopf mit seinen Magnetsteinen, „Magnetklippen" werden sie in einigen Veröffentlichungen auch genannt, aus anderen Gründen hochinteressant.

So hat der deutsche Flugpionier August Euler auf dem Ilbeskopf die ersten Versuche mit Segelfliegern gemacht – noch leben einige Nieder-Beerbacher, die als „Gummilümmel" halfen, die ersten gleitenden Flieger in den Himmel zu befördern. Berühmt geworden ist der „Bergstraßenrekord" des Segelfliegers Jachmann. Er stellte einen Höhen- und Streckenrekord im Segelflug auf, der erst sehr viel später eingestellt wurde.

August Euler erhielt nicht nur als erster Deutscher einen internationalen Flugschein. Der 1868 im westfälischen Oelde geborene Ingenieur baute das erste deutsche Motorflugzeug und entwarf weitere 25. Als den Deutschen nach dem 1. Weltkrieg von den Siegermächten im Vertrag von Versailles der Motorflug verboten wurde, war dies wieder die Stunde des August Euler. Er „erfand" den Segelflug. Der an der Technischen Hochschule Darmstadt und auf der Wasserkuppe in der Rhön seit 1920 seine Hochburgen hatte und noch heute hat. Über die Leistungen Eulers und Jachmanns[37] wird an der Technischen Universität Darmstadt so gut wie nicht mehr erwähnt.

August Euler

Von August Euler und seinen flugtechnischen Versuchen wird eine Geschichte berichtet, die ebenso schön wie mit Skepsis zu betrachten ist. Danach soll es Euler gelungen sein, ein Flugzeug zu bauen, das höher und weiter fliegen konnte als die bis dahin bekannten Flugapparate. Weil er hoffte, damit ein Geschäft machen zu können, meldete er dies schriftlich an das Reichskriegsministerium in Berlin und kündigte, mit dem Flugzeug, seinen Besuch für einen bestimmten Tag zu einer bestimmten Stunde an.

Doch die Honoratioren im hauptstädtischen Berlin warteten vergeblich. Wer nicht kam, war August Euler. Mit mehr als einstündiger Verspätung rollte sein Flugapparat endlich am Ziel aus. Dem deutschen Flugpionier war ein verhängnisvoller Fehler unterlaufen. Er hatte nämlich seinen Kompass über dem Frankenstein eingestellt und „vergessen", dass hier jeder Kompass eine Missweisung von mindestens drei Grad nach Osten oder Westen hat.

So landete er zunächst statt in der Reichshauptstadt in Dresden. Denn diese drei Grad machen auf die rund 450 Kilometer Luftlinie zwischen Darmstadt und Berlin die 180 Kilometer Luftlinie aus, die zwischen Berlin und Dresden liegen.

Die Herren Minister und Geldgeber fanden es zwar faszinierend, was mit dem Euler' schen Flugzeug alles zu machen war, doch kaufen mochte man es nicht. Denn, so bedeutete man ihm, es sei ja gut und schön, wie hoch und wie weit der Flieger durch die Lüfte eilen könne – aber mit der Zielansprache hapere es ja wohl. Und daran müsse er eben noch etwas arbeiten.

www.tredition.de

Über tredition

Der tredition Verlag wurde 2006 in Hamburg gegründet. Seitdem hat tredition Hunderte von Büchern veröffentlicht. Autoren können in wenigen leichten Schritten print-Books, e-Books und audio-Books publizieren. Der Verlag hat das Ziel, die beste und fairste Veröffentlichungsmöglichkeit für Autoren zu bieten.

tredition wurde mit der Erkenntnis gegründet, dass nur etwa jedes 200. bei Verlagen eingereichte Manuskript veröffentlicht wird. Dabei hat jedes Buch seinen Markt, also seine Leser. tredition sorgt dafür, dass für jedes Buch die Leserschaft auch erreicht wird

Autoren können das einzigartige Literatur-Netzwerk von tredition nutzen. Hier bieten zahlreiche Literatur-Partner (das sind Lektoren, Übersetzer, Hörbuchsprecher und Illustratoren) ihre Dienstleistung an, um Manuskripte zu verbessern oder die Vielfalt zu erhöhen. Autoren vereinbaren unabhängig von tredition mit Literatur-Partnern die Konditionen ihrer Zusammenarbeit und können gemeinsam am Erfolg des Buches partizipieren.

Das gesamte Verlagsprogramm von tredition ist bei allen stationären Buchhandlungen und Online-Buchhändlern wie z. B. Amazon erhältlich. e-Books stehen bei den führenden Online-Portalen (z. B. iBookstore von Apple) zum Verkauf.

Seit 2009 bietet tredition sein Verlagskonzept auch als sogenanntes "White-Label" an. Das bedeutet, dass andere Personen oder Institutionen risikofrei und unkompliziert selbst zum Herausgeber von Büchern und Buchreihen unter eigener Marke werden können.

Mittlerweile zählen zahlreiche renommierte Unternehmen, Zeitschriften-, Zeitungs- und Buchverlage, Universitäten, Forschungseinrichtungen, Unternehmensberatungen zu den Kunden von tredition. Unter www.tredition-corporate.de bietet tredition vielfältige weitere Verlagsleistungen speziell für Geschäftskunden an.

tredition wurde mit mehreren Innovationspreisen ausgezeichnet, u. a. Webfuture Award und Innovationspreis der Buch-Digitale.

tredition ist Mitglied im Börsenverein des Deutschen Buchhandels.

[1] In den „Rauen Nächten" zieht, nach altem Volksglauben, das „wilde Heer" durch die Lüfte. Angeführt wird es von Frau Holle sowie den anderen Göttern und Geistern unserer Vorfahren.

[2] Der Führungsoffizier der action Paperclip lebte in Bens-heim-Auerbach in der „Villa Hagen". Sie gehörte der Familie des Optikers Beutel in der Oberstraße in Darmstadt-Eberstadt.

[3] Die „Deutschen Christen" waren eine Gründung der Nazis aus der evangelischen Kirche heraus. In ihr wurde für evangelische Christen das Führerprinzip durchgesetzt. Gegen diesen Missbrauch der Religion wandte sich das „Barmer Bekenntnis von 1937". Es ist noch heute bindendes Kernbekenntnis der Evangelischen Kirche in Deutschland (EKD).

[4] Leidener Flasche, nach der Stadt Leiden in den Niederlanden benannte, kleistsche Flasche. Sie ist die älteste Form des elektrischen Kondensators. Ein innen und außen mit leitenden Belägen (Stanniol) versehenes Glasgefäß mit einer Säure speichert Strom. Sie wurde 1745 unabhängig voneinander von E. G. von Kleist (1700 - 1748) und dem Leidener Physiker P. van Musschenbroek (1692 - 1762) entdeckt.

[5] Der 1774 in Heidelberg geborene Landschaftszeichner, -maler und Radierer Johann Georg Primavesi war bis 1812 Theatermaler in Mannheim. Da sich ihm dort jedoch nicht die erhofften künstlerischen Entwicklungsmöglichkeiten boten, ging er schließlich als Hoftheatermaler nach Darmstadt. Dort schuf er zahlreiche architektonische sowie landschaftliche Dekorationen und Bühnenbilder. Im Frühjahr 1815 war bereits von 56 Prospekten und 139 Kulissen Primavesis die Rede, weitere von ihm übermalte Prospekt sowie zahlreiche Soffitten und Versatzstücke nicht mitgerechnet. 1815, im Entstehungsjahr des bekannten Heidelberger Aquarells, musste Primavesi, der überaus erfolgreich für den Darmstädter Hof gearbeitet hatte, um seine bis zu diesem Zeitpunkt unangefochtene Position fürchten, denn die neuen Dekorationsarbeiten sollten nun paritätisch an die Hof- und Theatermaler Primavesi und Sandhaas verteilt werden. Im Bestreben gegen diese Zurücksetzung anzugehen, führte er auch seinen regen Austausch mit Goethe an, der insbesondere durch die Folge der Rheinansichten auf Primavesi aufmerksam

geworden war. „Als Goethe hier war, widmete mir derselbe den ganzen Abend, um über dieses Werk („Der Rheinlauf") zu sprechen [...]", berichtete er selbst stolzerfüllt. Der enge Kontakt der beiden Männer bestand über viele Jahre und war wohl enger, als bisher angenommen wurde.

Trotz guter Bezahlung geriet Primavesi in der Folgezeit zunehmend in finanzielle Bedrängnis. Weitere widrige Umstände, darunter ein Wohnungsbrand im Jahr 1817, verschärften die Situation. Erst 1822 mit seiner Ernennung zum Hofmaler in Kassel beruhigte sich seine persönliche, berufliche und finanzielle Lage. 1855 starb er hochbetagt in Kassel.

Zu Primavesis heute noch bekannten Arbeiten zählen seine 12 geätzten Ansichten Heidelbergs und die Radierungen zum Rheinlauf, die von 1818 an in mehreren Lieferungen erschienen. Sein übriges Oeuvre ist weitgehend unbekannt. Selbst an den Hauptorten seines Wirkens in Heidelberg, Darmstadt und Kassel haben sich nur vereinzelte Spuren seiner Arbeit erhalten. So auch der Band mit 12 Kupferstichen der Burgruine Frankenstein, die ursprünglich im Auftrag Goethes entstanden sind. Im Hessischen Landesmuseum in Darmstadt befinden sich einige wenige unsignierte Zeichnungen und Aquarelle Primavesis. Darüber hinaus ist eine signierte und auf 1808 datierte Gouache im Reissmuseum in Mannheim bekannt, die in einer südlichen Ideallandschaft die Ruine eines antiken Monopteros zeigt. Als signiertes und datiertes Aquarell ist die Arkadische Landschaft in Heidelberg somit ein Blatt mit hohem Seltenheitswert.

[6] Turner, William, eigentlich Joseph Mallord William Turner, englischer Maler, * London 23. 4. 1775, ebenda 19. 12. 1851; wurde 1789 Schüler der Royal Academy in London. Auf Reisen in England und Wales entstanden Zeichnungen und Aquarelle von alten Schlössern, Kathedralen und Küstenlandschaften. 1796 stellte er sein erstes Ölbild aus. Zu-nächst von J. Cozens und R. Wilson ausgehend, ab 1800 besonders an C. Lorrain, N. Poussin, aber auch an der venezianischen Malerei und den niederländischen Marinemalern orientiert, schuf Turner Landschaftsbilder und Seestücke, die oft durch mythologische Figuren und dramatische Motive ins Romantische gesteigert sind. 1802 wurde er ordentliches Mitglied der Royal Academy. Im gleichen Jahr bereiste er Frankreich und die Schweiz, 1817 Belgien, Holland und Deutschland. 1807-19 gab er in 14 Teilen sein »Liber studiorum« heraus, eine nach didaktischen Gesichtspunkten geordnete Folge von Mezzotintoblättern nach seinen Gemälden, die seine Theorie der Malerei dokumentiert. 1819/20 besuchte er erstmals Italien. Seitdem begann er, sich von der Wiedergabe des Gegenständlichen immer mehr zu lösen und die Wirkungen von Licht und Luft zu erfassen. Die Bilder seiner Spätzeit sind malerische Visionen, deren

Formen sich in Fluten von Licht und hell schimmernden starken Farben verlieren. Erhalten sind über 300 Ölbilder und Ölskizzen sowie über 30 000 Aquarelle, Zeichnungen und Skizzenbücher. Testamentarisch vermachte Turner sein Werk der britischen Nation. Der Großteil seiner Gemälde befindet sich heute in der eigens dafür errichteten Clore Gallery der Tate (1987 eröffnet).

[7] Euler, August, eigentlich August Reith, Ingenieur, Flugzeugbauer und Flugpionier, * Oelde 20.11.1868, gest. Feldberg (Schwarzwald) 1.7.1957; baute die ersten deutschen Motorflugzeuge, erhielt 1910 den deutschen Flugzeugführerschein Nummer 1, leitete 1918-21 das neu gegründete Reichsluftfahrtamt, bewirkte in dieser Zeit die Zulassung der ersten Luftverkehrsunternehmen in Deutschland und schuf die erste Luftverkehrsordnung.

[8] Von den „Gummilümmels", jungen Burschen aus Nieder-Beerbach denen die Aufgabe zufiel, mit Gummiseilen die Segelflieger in den Himmel zu zerren, existieren noch Fotos.

[9] Hermann Oberth, Raketenforscher, * Hermannstadt 25. 6. 1894, † Nürnberg 28. 12. 1989; entwarf 1917 eine Rakete von 25 m Länge und 5 m Durchmesser (Treibstoff Alkohol und Sauerstoff). 1923 beschrieb er die wesentlichen Elemente der heutigen Großraketen; 1938–40 machte er Raketenversuche an der Technischen Hochschule in Wien, 1941 kam er an die Heeresversuchsanstalt Peenemünde, 1955–58 arbeitete er in Huntsville (Alabama, USA).

[10] Zeit der Staufer (1138-1254):1138 wurde der Staufer Konrad III. gegen den von Lothar III. von Supplinburg (1125-37) designierten Welfen Heinrich den Stolzen zum König gewählt, was den staufisch-welfischen Dissenz be-gründete. Friedrich I. Barbarossa (1152-90) gelang 1178 die Unterwerfung der Welfen (Lehnsenthebung Heinrichs des Löwen). Seine größte territoriale Ausdehnung fand das Reich unter Heinrich VI. (1190-97), als diesem das Kgr. Sizilien zufiel. Die durch seinen Tod ausgelösten Thronstreitigkeiten (welfisch-staufische Doppelwahl 1198) fanden erst 1212 ihr Ende, als sein Sohn Friedrich II. (1212-50) zum dt. König gewählt wurde. Friedrichs Bemühungen um Wiederherstellung und Ausbau des Reichsgutes wurden durch die Fürstenprivilegien (1220, 1231/32) eingeschränkt, aber auch der Territorialpolitik der Reichsfürsten waren damit Grenzen gesetzt. Die Wiederaufnahme der staufischen Politik in Oberitalien führte zur Entstehung der Parteien von Guelfen und Ghibellinen, die er-neuerte Auseinandersetzung mit dem Papsttum zur Wahl von Gegenkönigen (Heinrich Raspe 1246; Wilhelm von

Holland 1247). Die Erben Friedrichs II. unterlagen im Kampf um die Herrschaft; der letzte Staufer, Konradin, wurde 1268 in Neapel hingerichtet.

[11] Worunter man sich keinesfalls heißblütige Araber vorstellen darf. Sondern eher Hannoveraner vom Kaliber „Brauereipferd". Andere wären nicht in der Lage gewesen, einen Ritter in voller Rüstung zu tragen.

[12] 1036 weihte Erzbischof Bardo in Anwesenheit von Kaiser Konrad II. und Kaiserin Gisela, König Heinrich III. und seiner Gemahlin sowie 17 Bischöfen den nach einem Großbrand wiederaufgebauten Dom. Erhalten sind die unteren Stockwerke der beiden Flankentürme am Ostbau sowie Teile des Ostbaus und der Nordwand des Querhauses.

[13] Das Beileisen, selten noch Wolfseisen genannt, wurde lange als Falle für Tiere angesehen. In Wirklichkeit ist es ein altes Handwerksgerät, das auf die Zimmerleute zurückgeht. Heute wird es übrigens bei der Restaurierung historischen Fachwerks und von Dachstöcken wieder verwendet. Es wurde wie ein offener Hobel benutzt; mit ihm kann man aber auch drechseln und sogenannte Zähne schlagen.
[14] In der Bautechnik ein aus der Mauer hervortretender, als Auflager dienender Stein.

[15] Über Die Herren von Frankenstein und ihre Frauen hat der ehemalige Eberstädter Pfarrer Wolfgang Weißgerber ein fantasievolles Buch veröffentlicht. Seine historischen Angaben sind kritisch zu betrachten, seine Quellen in ihrer Bewertung durch W. zumindest fragwürdig. Teilweise werden historische Irrtümer unkorrigiert weiter verbreitet.

[16] Die Prämonstratenser (lateinisch Candidus et Canonicus Ordo Praemonstratensis, „Weißer und Kanonischer Orden von Prémontré"), mit dem Ordenskürzel O.Praem., sind der größte römisch-katholische Orden regulierter Chorherren. Der Orden ist ein Zusammenschluss selbständiger Klöster und wurde im Jahr 1120 von Norbert von Xanten mit dreizehn Gefährten in Prémontré bei Laon, auf Fernbesitz der Abtei Prüm, gegründet. Vor allem in Belgien und den Niederlanden werden die Prämonstratenser nach ihrem Gründer auch Norbertijnen („Norbertiner") genannt. Der weibliche Zweig sind die Prämonstratenserinnen. Der weltliche Zweig sind die Prämonstratensertertiaren.
Der Ordensgründer Norbert von Xanten war einer der im 12. Jahrhundert recht zahlreichen Wanderprediger, die in Nachahmung des Lebensstils Jesu und

seiner Jünger besitzlos umherzogen. Besonderheit dieses Ordens, im Mittelalter aber nicht unüblich, war das Mönche mit Nonnen zwar in getrennten Konventen, aber in einem gemeinsamen Kloster lebten.

[17] Ein Urbar oder latinisiert Urbarium (Pl. Urbare bzw. Urbarien, ist ein Verzeichnis über Besitzrechte einer Grundherrschaft und zu erbringender Leistungen ihrer Grunduntertanen (Grundholden). Es ist eine bedeutende Wirtschafts- und Rechtsquelle des mittelalterlichen und frühneuzeitlichen Lehnswesens. Auch für Gült- und Lagerbücher wird der Ausdruck verwendet. Je nach Region und Schriftträger sind für diese Verzeichnisse im deutschsprachigen Raum auch die Bezeichnungen Salbuch/Saalbuch, Berain, Heberegister, Erdbuch und (Zins)-Rödel oder Rodel geläufig.

Der Begriff Urbar leitet sich vom althochdeutschen „urberan" bzw. dem mittelhochdeutschen „erbern" für „hervorbringen" oder „einen Ertrag bringen" her. Es handelt sich um zu ökonomischen, administrativen oder rechtlichen Zwecken angelegte Verzeichnisse von Liegenschaften, Abgaben und Diensten einer Grundherrschaft (beispielsweise eines Klosters). Urbariale Schriftträger sind, bei mitunter komplexen genealogischen Bezügen zwischen Konzept- und Ausführungs- bzw. Reinschrift, entweder zu Rödel (lat. rotulus) zusammengenähte Pergamentstreifen oder, aus diesen übertragen, lagengebundene Codices.

Um ein Urbar zu erstellen, suchten im Frühmittelalter Beauftragte des jeweiligen Grundherrn die ihnen bekannten Orte auf, in denen Ansprüche bestanden. Sie vereidigten Männer guten Rufs und befragten sie nach den lokalen Gewohnheiten und den Verpflichtungen der ortsansässigen Familia. Die mündlich und in der Volkssprache gegebenen Auskünfte wurden zunächst fast ausschließlich in lateinische Sprache übertragen und schriftlich dokumentiert. Meist wurde Hube für Hube (niederdeutsch Hufe) mit den sie bewohnenden Leuten und deren Pflichten aufgeführt. Die Genauigkeit der Aufnahmen differierte dabei so stark, dass anzunehmen ist, dass viele Pflichten über lokale Gewohnheiten geregelt waren und deshalb nicht eigens aufgeführt werden mussten.

Urbare konnten vor Gericht eine wichtige Rolle spielen, wie eine Urkunde Pippins I. von Aquitanien von 828 belegt. In einer Abschrift eines Urbars aus dem frühen 13. Jahrhundert findet sich eine „Gebrauchsanweisung", wie diese „Büchlein" im Streitfall eingesetzt wurden: sie stammt von Cesarius von Milendonk, der im Jahr 1222 das 893 entstandene Urbar von Kloster Prüm, Eifel, abschrieb.

[18] erworben" konnte auch für „neu errichtet" stehen. Denn erst wenn ein Bau abgeschlossen war, konnte man sich in seinem vollen Besitz fühlen, hatte ihn erworben.

[19] Bereits Friedrich Kirschner hat 1962 in der Schriftenreihe des Instituts für Naturschutz Darmstadt (Band VI, Heft 2, Jahrgang 1962) auf diesen Sachverhalt hingewiesen. Er nennt Arbogast und Volpert von Frankenstein als die ersten nach-gewiesenen Herren der Burg mit den Daten von 948 und 968.

[20] Siehe Werner Rösener (Hrsg.) bei Vandenhoeck & Ruprecht.

[21] Die bisher gefundenen Spuren dieser Burgen sind nicht eindeutig. Es ist durchaus möglich, dass es sich bei ihnen um einfache Schutzwälle oder Befesti-gungen für bäuerliche Siedlungen gehandelt hat.

[22] Die Alemannen (auch Alamannen genannt) sind ein westgermanischer Stamm, der vom unteren Gebiet der Elbe stammen soll. Dort wurden die Aleman-nen Sweben genannt. 213 n. Ch. tauchten sie an Rhein und Main auf, lieferten sich mit den Römern erbitterte Schlachten. 500 n. Chr. wurden sie vom Frankenkönig Chlodwig unterworfen. Sie gelten als die Stammväter der Schwaben, der Elsässer und der Deutsch-Schweizer sowie der Vorarlberger.

[23] Das Nibelungenlied entstand vermutlich zwischen 1198 und 1204, wohl im kulturellen Umkreis des Bischofs Wolfger in Passau an der Donau. Es besteht aus 39 Abschnitten („Aventiuren") und gliedert sich in zwei ursprünglich selbststän-dige Teile: Das Siegfriedlied und das Burgundenlied.
Dem zweiten Teil liegen geschichtliche Ereignisse zugrunde: die Vernichtung der Burgunden am Rhein durch die Hunnen 436 oder 437 und der Tod Attilas 453 in der Nacht seiner Hochzeit. Das Nibelungenlied wurde nach einem sagenhaften Zwergenkönig benannt, dem König Nibelung.

[24] Lateinisch Etrusci, Tusci, griechisch Tyrsenoi, Tyrrhenoi, etruskisch Rasenna, im Altertum ein nicht-indogermanisches Volk in Italien (Herkunft umstritten), das als Kernland Etrurien bewohnte und vom 7. bis 4. Jahrhundert v. Chr. seine kultu-relle Blüte erreichte. Die Etrusker bildeten Stadtstaaten, die bis gegen Ende des 6. Jahrhunderts v. Chr. unter Königen, seit dem 5. Jahrhundert v. Chr. unter Oberbe-amten standen.

[25] Stadt südlich von Querfurt, Sachsen-Anhalt, entstand an einem alten Un-strutübergang als Händlersiedlung im Schutz eines fränkischen Königshofes, der später Altenburg genannt wird und 1205-1341 Sitz der adligen Schenken von Nebra war. Die Siedlung wurde um 1200 an ihren heutigen Platz verlegt, 1207 gibt

es eine Brücke auf Steinpfeilern. Der Name um 1500 Nebra (mit kanzleisprachlichem -a), 1350 Nebre, Neber, 1207 Nevere, 876 Neueri ist vielleicht ein alter Abschnittsname der Unstrut, er könnte zu indogermanisch nautisch- „Schiff; schiffbar" oder zu indogermanisch nebh- feucht; Wasser (dunst) gehören.

Die Himmelsscheibe von Nebra: Schon bei erster Betrachtung dieses einmaligen Fundes aus der Bronzezeit fallen Sonne, Mond und Sterne in klarer Gliederung auf. Die Himmelsscheibe ist das einzige Objekt aus so früher Zeit, das dermaßen auffällige Bezüge zur Himmelskunde aufweist. Eine astronomische Deutung drängt sich sofort auf. Sie gilt als einer der wichtigsten Funde der Archäoastronomie. Die Scheibe enthielt 32 kleine Goldblättchen, die als Sterne angesehen werden. Sieben davon stellen mit hoher Wahrscheinlichkeit die Plejaden (Siebengestirn) dar. Die Verteilung der übrigen 25 Sterne ist nicht mit Sternbildern zu erklären. Ganz sicher stellen „Sonne und Mondsichel" ebenfalls astronomische Objekte dar. Ihre Deutung ist noch nicht abgeschlossen, wird noch diskutiert.

Von erheblicher Bedeutung ist, dass sich Fundort und Bild der Scheibe gegenseitig ergänzen. Die beiden seitlichen goldenen Randbögen (einer ist verloren) können problemlos als östliche und westliche Horizontbögen gedeutet werden. Sie stellen den Lauf der Sonnenaufgangs- und Untergangspunkte über das Jahr dar. Deren Winkel entsprechen dem Sonnenlauf für die frühe Bronzezeit im Bereich der Breitengrade durch Sachsen-Anhalt.

In diesem Zusammenhang ist bemerkenswert, dass für den Betrachter vom Mittelberg aus gesehen die Sonne zur Sommersonnenwende über dem Brocken unterging, dem markantesten Berg des Harzes. Dieser ist bei klarem Wetter (und fehlenden Bäumen) trotz der Entfernung von ca. 80 km vom Mittelberg deutlich sichtbar. An einem weiteren bis heute wesentlichen Datum, dem ersten Mai, ging die Sonne hinter dem Gipfel des Kulpenberges, des Hauptberges des Kyffhäusers, unter. Spektakulär ist, dass die Geometrie der bildlichen Darstellungen auf der Scheibe mit dem Fundplatz in Verbindung gebracht werden kann.

Weiter ist in diesem Zusammenhang bemerkenswert, dass die Anfänge der Astronomie im Dunkeln liegen. Interesse an den Auf- und Untergängen von Sonne, Mond und einzelnen Sternen belegen die Ausrichtung von bestimmten Bauten (z.B. Stonehenge, um 3000 bis etwa 1500 v. Chr.) und die Himmelsscheibe von Nebra (um 1600 v. Chr.). Die frühen Hochkulturen (Ägypter, Babylonier, Chinesen, Maya) konnten bereits aufgrund ausdauernder systematischer Himmelsbeobachtungen besondere astronomische Ereignisse vorausberechnen (Finsternisse, Planetenbewegung); die Astronomie diente ihnen v.a. zur Kalender- und Zeitbestimmung (Sonnenjahr, Mondjahr), wobei zum Ausgleich zwischen Mondjahr (rund 354,4 Tage) und Sonnenjahr (rund 365,25 Tage) komplizierte Schaltregeln entwickelt wurden.

[26] Berühmte Handelswege zu Lande sind: Bernsteinstraße, Ungarische Pforte, Talebene und Gebirgspass auf der Grenze zwischen Ost-Kasachstan und Nordwest-China, Ochsenweg auf der kimbrischen Halbinsel, Hellweg, Salzstraße, Seidenstraße, Trans-Kalahari-Fernstraße, Weihrauchstraße und die Via Publica sowie die Via Regia.

[27] H. Bender, Römische Straßen und Straßenstationen. Kleine Schriften zur Kenntnis der römischen Besetzungsgeschichte Südwestdeutschlands 13, Hg. Gesellschaft für Vor- und Frühgeschichte in Württemberg und Hohenzollern e.V., Stuttgart 1975.
Janos Gömöri- M. Buora, Die Bernsteinstraße in der Römerzeit und die Rolle von Aquileia. Ausstellungskatalog: Römische Bernsteinfunde aus Aquileia und Scarabantia von der Sammlungen der Museen in Udine und Sopron. Hg.: Scarbantia Társaság, Sopron o.J.
Irene Heiling, Die Römische Bernsteinstraße im Mit-telburgenland. Bgld. Heimatbl. 51/3, 1989, 91ff.
Karl Kaus, Lagerstätte und Produktionszentrum des Ferrum Noricum, Leobener Grüne Hefte, N.F. 2, 74ff.
Sigrid Strohschneider-Laue, Die römische Bernstein-straße, AÖ 4/1 (MUAG XLIII), 1993, 69–70.
G. Winkler 1985, Die römischen Straßen und Meilen-steine in Noricum Österreich. Kleine Schriften zur Kenntnis der römischen Besetzungsgeschichte Südwestdeutschlands, Hg. Gesellschaft für Vor- und Frühgeschichte in Württemberg und Hohenzollern e.V., Stuttgart 1985.

[28] Die Donau war ein uralter Grenzstrom zwischen den Völkern. Im gesamten Unterlauf gab es nur eine einzige sichere Querung. Den pontus trajani, den unter Kaiser Trajan erfolgten Brückenschlag. Der beim Rückzug der Römer wieder zerstört wurde. Trajan, eigentlich Marcus Ulpius Traianus, war römischer Kaiser (98-117), geboren in Italica (bei Sevilla) 18. 9. 53, starb in Selinus (Kilikien) 117; er war Statthalter in Obergermanien; 97 von Nerva adoptiert und zum Caesar ernannt. Unter Trajan erreichte das Römische Reich seine größte Ausdehnung: 106 wurden die Provinzen Dakien und Arabia Petraea (das Königreich der Nabatäer) angegliedert, im Partherkrieg 114-117 Armenien, Assyrien und Mesopo-tamien als Provinzen gewonnen. Trotz seiner absolutisch-zentralistischen Regierungsform stand Trajan in gutem Einvernehmen mit dem Senat: Literatur und Kunst blühten, Straßen, Kanäle, Brücken wurden gebaut, neue Städte und Kolonien gegründet.

[29] Pamir, (türkisch „kalte Steppenweide") ist ein Hochgebirge in Zentralasien (auch „Dach der Welt" genannt), ein Knoten großer Gebirgssysteme: Tienschan, Alaigebirge, Transalai, Kunlun Shan, Karakorum und Hindukusch. Höchster Berg ist mit 7.495 m über dem Meeresspiegel der Pik Ismail Samani. Das innere Hochland ist in breite Becken (Pamire) aufgelöst, die tief mit Schutt gefüllt sind (Talsohlen 3.500 – 4.000 m über dem Meeresspiegel). Der innere und östliche Pamir ist eine Hochgebirgswüste mit sehr trockenem Höhenklima. Insgesamt sind 10.000 Quadratkilometer vergletschert (Fedtschenko). In den großen Randtälern leben nomadische Volksgruppen (Tadschiken, Kirgisen) von Wanderviehzucht auf kargen Hochweiden. Pamir gehört zum größten Teil zu Tadschikistan, der Osten zu China, der Süden zu Afghanistan und der Norden zu Kirgistan.

[30] Wolfgang Weißgerber: Die Herren von Frankenstein und ihre Frauen

[31] Prof. Dr. Lothar Höbelt in „Franckenstein, der Diplomat"; in „Georg von Franckenstein: Zwischen Wien und London – Erinnerungen eines österreichischen Diplomaten"; Stocker Verlag.

[32] August Heinrich, eigentlich A. H. Hoffmann, Schriftsteller, * Fallersleben (heute zu Wolfsburg) 2. 4. 1798, gest. Schloss Corvey (heute zu Höxter) 19. 1. 1874. Er war ab 1830 Professor für deutsche Sprache und Literatur in Breslau; wurde wegen seiner nationalliberalen Haltung (Unpolitische Lieder, 2 Bände, 1840/41) 1842 seines Amtes enthoben und des Landes verwiesen. 1848 rehabilitiert; war ab 1860 Bibliothekar des Prinzen Viktor zu Hohenlohe-Schillingsfürst in Corvey. Hoffmann von Fallersleben schrieb 1841 auf Helgoland Das Lied der Deutschen (Deutschlandlied); verfasste auch Kinderlieder (Alle Vögel sind schon da). Als Germanist entdeckte er Bruchstücke des Evangelienbuchs von Otfried von Weißenburg sowie das Ludwigslied.

[33] Literatur zu Arbogast.: AS Jul. V, 168 ff.; - Grandidier, Histoire de l'église et des évêques de Strassbourg I, 1776, 199 ff.; - Karl Künstle, Ikonogr. der Hll., 1926, 102f.; - Alois Postina, St. A., Bisch. v. Straßburg u. Schutzpatron des Bistums, Straßburg 19282; - Zimmermann II, 484; - Joseph Clauß, Die Hll. des Elsaß in ihrem Leben, ihrer Verehrung u. ihrer Darst. in der Kunst, 1935, 32. 191; - Medard Barth, Der hl. A., Bisch. v. Straßburg, seine Persönlichkeit u. sein Kult, Kolmar 1940; - Albert Schütte, Hdb. der Hll., 1941, 55; - Joseph Braun, Tracht u. Attribute der Hll. in der dt. Kunst, 1943, 103 f.; - Otto Wimmer, Hdb. der Namen u. Hll., 19592, 124; - Lex. d. dt. Hll., hrsg. v. Jakob Torsy, 1959, 52; - LThK I, 821.

[34] Stadlers Vollständiges Heiligen-Lexikon: Ein gewaltiges Werk mit insgesamt 4.693 Druckseiten legten Johann Evangelist Stadler und weitere Herausgeber in den Jahren 1858 bis 1882 vor: Ein Heiligenlexikon in 5 Bänden, das den Anspruch erhob, vollständig alle Heiligen, Seligen und Denkwürdigen der katholischen Kirche darzustellen.

Die Artikel geben den damaligen Erkenntnisstand in umfangreicher Weise, aber in sehr unterschiedlicher Qualität. Neben Artikeln, die die Ergebnisse wissenschaftlicher Forschung kompetent darstellen, gibt es andere, bei denen der erbauliche Charakter alles überwiegt. Spürbar wird auch immer wieder das Fehlen jeglicher ökumenischen Orientierung und dahinter das damalige Bewusstsein. Dennoch bietet Stadlers Monumentalwerk wie kein anderes seitdem in deutscher Sprache die Erkenntnisse über die Fülle der Heiligen, Seligen und Denkwürdigen der katholischen Kirche.

[35] Siehe Walter Scheele: Märchenhafter Frankenstein, „Die Schlangenkönigin"

[36] St. Arbogast has been claimed as a native of Scotland, but this is owing to a misunderstanding of the name "Scotia", which until late in the Middle Ages really meant Ireland. He flourished about the middle of the seventh century. Leaving Ireland, as so many other missionaries had done, he settled as a hermit in a German forest, and then proceeded to Alsace, where his real name, Arascach, was changed to Arbogast. This change of name was owing to the difficulty experienced by foreigners in pronouncing Irish Christian names; thus it is that Moengal, Maelmaedhog, Cellach, Gillaisu, Gilla in Coimded, Tuathal, and Arascach were respectively transformed into Marcellus, Malachy, Gall, Gelasius, Germanus, Tutilo, and Arbogast.

St. Arbogast found a warm friend in King Dagobert II of Austrasia, who had been educated at Slane, in Meath, in Ireland, and was restored to his kingdom on the demise of King Childeric II. Monstrelet authenticates the story of King Dagobert in Ireland; and the royal exile naturally fled to Slane in order to be under the ægis of the Ard-Righ (High-King) of Ireland, at Tara. On Dagobert's accession to the throne of Austrasia, Arbogast was appointed Bishop of Strasburg, and was famed for sanctity and miracles. It is related that the Irish saint raised to life Dagobert's son, who had been killed by a fall from his horse. St. Arbogast died in 678, and, at his own special request, was buried on the side of a mountain, here only malefactors were interred. The site of his burial was subsequently deemed suitable for a church. He is commemorated 21 July.

GRATTAN FLOOD, Irish Saints; BOSCHIUS in Acta SS. (1727), July, V, 168-177; BURGENER, Helvetia Sancta (1860), I, 56-58; Hist. litt. de la France (1735), III, 621-622; POSTINA, in Römische Quartalschrift (1898), XII, 299-305; Analecta Bolland., XVIII, 195; Bibl. hagiogr. Lat. (1898), 106, 1317; O'HANLON, Lives of Irish Saints, VII (21 July); WATTENBACH, Deutschlands Geschichtsquellen, 6th ed.; GRAN-DIDIER, Hist de l'église de Strasbourg (1770), I, 199.

[37] Als Vorkämpfer des Segelfliegens kann Otto Lilienthal angesehen werden (erste Gleitflüge 1891); er steuerte seine Maschine durch Verlagern des Körpers. In den USA führten u. a. die Gebrüder Orville und Wilbur Wright schon früh Gleitflüge durch. In Deutschland reichen die Anfänge der Segelfliegerei bis 1911 zurück, als Darmstädter Gymnasiasten und Studenten auf der Wasserkuppe mit Gleitflugzeugen Flugübungen auszuführen begannen.

Einen großen Aufschwung nahm der Segelflug in Deutschland nach dem Ersten Weltkrieg, als der Motorflug nach dem Versailler Vertrag verboten war. Als Geburtsstunde gilt der 15. 6. 1920, also der Tag, an dem das erste Fliegerlager, veranlasst von Oskar Ursinus, auf der Wasserkuppe eingerichtet wurde. Bis zum 2. Weltkrieg waren die jährlich stattfindenden Rhön-Wettbewerbe Mittelpunkte segelfliegerischer Betätigung geworden. Am 4. 9. 1920 blieb Wolfgang Klemperer 2:22' in der Luft und legte die Weltrekorddistanz von 1 830 m zurück. 1921 flog Friedrich Harth am Heidelstein 21 : 37'. Danach begannen die deutschen Segelflieger Flugprüfungen auszuschreiben und Mindestleistungen zu verlangen.

Die Pionierleistungen auf der Wasserkuppe veranlassten die FAI (Fédération Aéronautique Internationale), 1925 offiziell Rekordlisten einzuführen. 1930 wurde in Darmstadt die Internationale Studienkommission für Segelflug (ISTUS) gegründet, die 1948 von der Organisation Scientifique et Technique Internationale du Vol à Voile (OSTIV) abgelöst wurde.

MIX

Papier | Fördert
gute Waldnutzung

FSC® C083411

Zeitfracht Medien GmbH
Ferdinand-Jühlke-Straße 7
99095 Erfurt, Deutschland
produktsicherheit@kolibri360.de